EL NUEVO DINERO: BITCOIN, BLOCKCHAIN Y LO QUE SE VIENE

Explicado para mi abuela

Aprende fácil Blockchain, bitcoin, Web3, Tokenización, Smart Contracts, Wallet, NFTs, Criptomonedas, DeFi, DApps ...

Juan Antonio Sáez González

EL NUEVO DINERO: BITCOIN, BLOCKCHAIN Y LO QUE SE VIENE Explicado para mi abuela
Primera edición electrónica: 2023.

Juan Antonio Sáez González
Email: librosjuanan@gmail.com
https://www.facebook.com/libros.juanantonio

Hecho en el planeta tierra (España)

Acerca del autor

Juan Antonio Sáez González, nace en Madrid, en 1973. Estudió Filosofía y Letras en la Universidad Complutense de Madrid y completó el grado superior de Desarrollo de Aplicaciones Informáticas. Master Power MBA y Web3 MBA de Bit2Me.

Muchos años como responsable y programando la Web E-Commerce de videojuegos (GAME). Desarrollo e instalación de las salas de juegos en red (Confederación). Organización GAMEfest.

Lleva proyectos de Telecomunicaciones. Embajador de World Token Congress y de The Crypto Land. Emprendedor. Enamorado de blockchain, Web3 en general, IA y Metaverso. En diciembre del 2023 lanza el E-Book: "EL NUEVO DINERO: BITCOIN, BLOCKCHAIN Y LO QUE SE VIENE Explicado para mi abuela", llega a ser bestseller top ventas número 1 en las categorías en las que está incluido y en los más vendidos TOP 25 Amazon.es. Ahora está con varios proyectos, entre ellos algunos de Blockchain. Tiene 2 hijas que son el motor de su vida. No puede resistirse a ningún dulce que lleve chocolate.

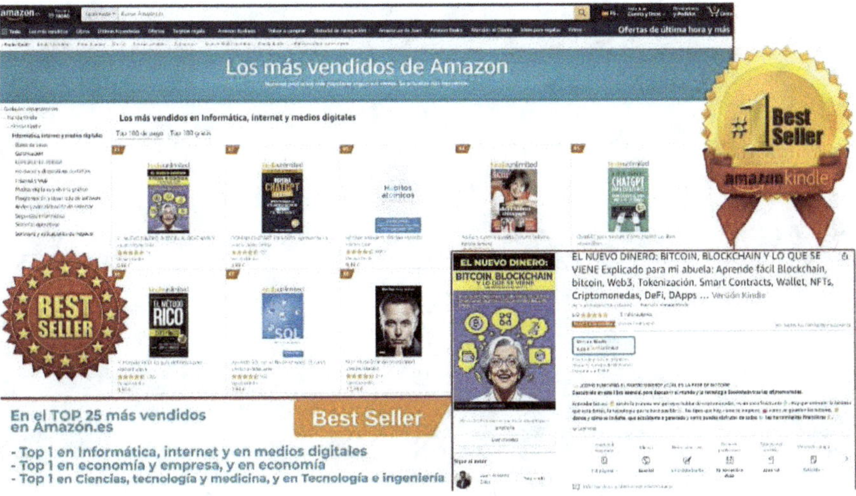

A los que sois mi familia

¡Gracias por leer

EL NUEVO DINERO: BITCOIN, BLOCKCHAIN Y LO QUE SE VIENE Explicado para mi abuela !

Si disfrutaste de la lectura, **te agradecería mucho si pudieras dejar una reseña en Amazon**. Tu opinión es valiosa y puede ayudar a otros lectores a descubrir mi libro. Puedes hacerlo en la página del libro de Amazon o escanear este QR

 (5 estrellas)

¡Gracias por tu apoyo!

Estructura del libro

"Un viaje de mil millas comienza con el primer paso."

LAO-TSÉ

Prólogo

Espero que este libro os ayude a entender que hay detrás del nuevo dinero, que es mucho más que el bitcoin. Por sus capítulos iréis descubriendo el gran número de cambios que va a generar la tecnología Blockchain.

Desde que la emisión de billetes por parte de los estados no está respaldada por un depósito de oro, el mundo económico gira porque TODOS damos valor a ese billete. Para eso los estados han invertido ingentes cantidades de dinero y tecnología en la emisión de esos billetes para que sean imposible o muy difícil su falsificación. Con la lectura de este libro entenderéis porque el Bitcoin y otras nuevas monedas se incorporan al ecosistema financiero como un billete más...

Estos nuevos billetes son posibles gracias a que se "imprimen" por unos nuevos jugadores que nos son los gobiernos ni instituciones financieras globales gracias a una tecnología que es la que marca la diferencia EL BLOCKCHAIN.

Esta tecnología es la que permite que estos "billetes" se gestionen de forma totalmente digital y como un activo, no como movimiento en cuenta. Esto tiene una gran importancia que este libro os ayudará a comprender y que será el motor de transformación de muchas industrias y procesos (ya lo está siendo).

Por último, alabar el gran esfuerzo didáctico de Juan Antonio, para poder trasladar sus amplios conocimientos a un nivel de sencillez que permite entender la complejidad intrínseca de esta tecnología, que todos necesitamos entender y empezar a saber gestionar.

Enhorabuena Juan Antonio

Pedro Gutierrez Garrido

Abogado / MAJ UCM
IE Executive MBA
IE PDD Operaciones
IEB Especialista en M&A y Private Equity

Introducción y finalidad del libro

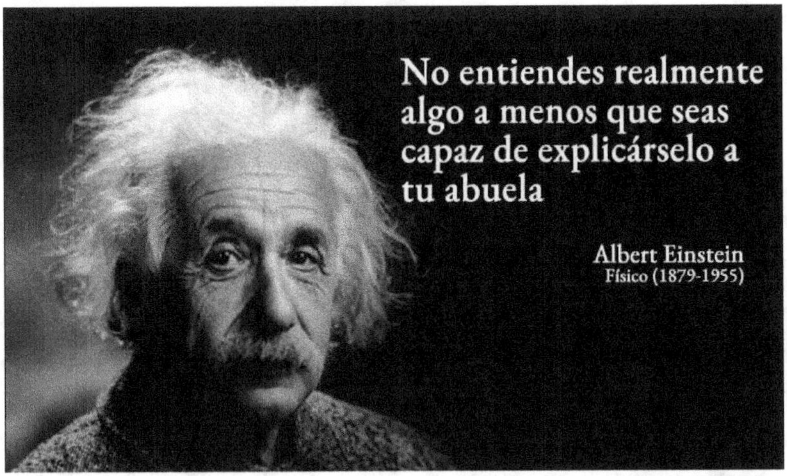

Este libro pretende ser una puerta, una entrada al universo Blockchain. La tecnología Blockchain tiene mucho potencial para mejorar la manera en la que nos relacionamos económicamente.
Voy a llevarte de la mano hasta el punto en que pierdas el miedo a asomarte a este mundo, al mundo que viene. Seguro que has oído algo de "una moneda digital, que no es de verdad". Desde hace unos años, bitcoin y las criptomonedas han sido muy mediáticas. Nuestra sociedad, el sistema y los individuos, convivimos inmersos en una serie de reglas. Estas reglas han servido para el desarrollo y la convivencia de nuestras culturas y sobre todo, de nuestras economías. Al decir nuestras, me refiero a las economías de las distintas partes del mundo, con sus respectivos gobiernos centrales decidiendo sobre las reglas de la economía sobre sus zonas de

influencia. Blockchain y su forma de plantear "el dinero", viene a cambiar las reglas del juego. El nuevo dinero ya está aquí.

Como dijo un conocido banquero, la peseta tenía 40 millones de clientes, el euro tiene unos 340 millones de clientes, pero si Facebook emitiera una moneda con la que pudieras hacer lo mismo que con la moneda actual, incluso pudieras hacer más cosas y con menos comisiones... tendría cerca de 3.000 millones de clientes!

Para aprender fácil Blockchain, Web3, Smart Contracts, Tokenización, NFTs, Criptomonedas, Bitcoin, ... no tienes que ser experto en informática o en programación o en matemáticas, cualquiera puede aprender lo básico y empezar a usar sus servicios obteniendo todas sus ventajas.

Este libro intenta ser un viaje de dos: vamos a ir juntos desde conocimiento 0 hasta que entiendas las reglas básicas de la nueva forma de economía digital. Intentaré usar un lenguaje coloquial, con menos tecnicismos e intentando explicarlo para que lo pueda entender hasta mi abuela.

Como dicen que decía Einstein, "No entiendes realmente algo a menos que seas capaz de explicárselo a tu abuela", y es aquí donde el camino será bidireccional, yo me esforzaré en ser lo más claro posible, y tú en relajarte y aprender. Tendremos que aprender algunos términos, que son los que se usan, y los que te encontrarás cuando empieces a leer o hablar sobre el tema. Pero no te preocupes, los explicaremos de forma fácil. Además, al final del libro, tendrás siempre un pequeño diccionario con los términos más usados, así podrás volver a ver su definición cada vez que lo necesites.

"No es la especie más fuerte la que sobrevive, ni la más inteligente, sino la que mejor responde al cambio."
C. Darwin

Línea cronológica

Año	Mes	Descripción Hito
1944		Alan Turing Máquina Enigma
1970s		Desarrollo de la criptografía de clave pública. Cifrado asimétrico por Ralph Merkle, Whitfield Diffie y Martin Hellman (1976)
1980s		Creación del concepto de "dinero electrónico" por David Chaum
		Nacen los cyberpunks y su interés en la privacidad digital
1991	oct.	Aparece Linux - Gnu - creación de ecosistema Open Source
1993	mar.	Manifiesto Cyberpunk de Eric Hughes
1995		Nacimiento del concepto Smart Contracts de Nick Szabo
1997		Adam Back propone Hashcash, precursor del Proof of Work (PoW)
1998		B-Money de Wei Dai y Bit Gold de Nick Szabo
2001	jul.	Aparece - Torrent intercambio de archivos entre iguales (peer-to-peer)
2004		Hal Finney introduce el concepto de "reusable proof of work" (RPOW).
2008	oct.	Publicación Whitepaper Bitcoin: Satoshi Nakamoto (31/10/2008)
2009	ene.	Lanzamiento de Bitcoin y la primera transacción
2010	may.	Primer intercambio de bitcoin por bienes reales (Pizza Day).
2011	oct.	Creación de Litecoin, una de las primeras altcoins.
2013		Auge de ICOs (Ofertas Iniciales de Monedas)
	dic.	Fundación de Ethereum por Vitalik Buterin

Año	Mes	Descripción Hito
2015	jul.	Lanzamiento de Ethereum y los contratos inteligentes (Smart contracts)
	dic.	Hyperledger – la mayor comunidad Open Source de blockchain
2016	jul.	Lanzamiento de la wallet Metamask 1.0 (14/7/16)
2017		Explosión de precios de criptomonedas y adopción mediática.
	jul.	Nacimiento de Binance, mayor exchange de criptomonedas. Whitepaper de Filecoin
	nov.	Aparición de CryptoKitties, primeros NFT populares.
2018		Auge de las aplicaciones financieras descentralizadas (DeFi).
2019		Lanzamiento de Libra (ahora Diem) de Facebook.
2020		Boom de las finanzas descentralizadas (DeFi).
2020	dic.	Ethereum inicia su transición a Ethereum 2.0 (Proof of Stake).
2021		NFTs ganan popularidad, venta de obras de arte digitales.
2021	abr.	Coinbase se convierte en la primera plataforma cripto pública.
2021		Surgimiento de los exchanges descentralizados (DEX).
2021	sep.	El Salvador adopta bitcoin como moneda de curso legal.
2022		Expansión de casos de uso de blockchain más allá de finanzas.
2023	abr.	La Unión Europea aprueba la Ley MiCA

Libro

Capítulo 1: En los inicios de la revolución

1.1 ¿De dónde viene Blockchain?
1.2 Los misterios de la criptografía
1.3 El espíritu del cyberpunk
1.4 Los primeros pasos del dinero electrónico

1.1 ¿De dónde viene Blockchain?

Como bien dijo Isaac Newton: "Si he logrado ver más lejos ha sido porque he subido a hombros de gigantes". Todos los grandes avances tecnológicos y científicos, son debidos a la acumulación de otros pasos dados anteriormente por otros. Con lo que un descubrimiento, creación o idea, habilita la creación de otra basándose en la anterior.

En el caso de Blockchain, también es así. Sobre toda la tecnología informática digital que ya existía, allá por 1991 los científicos Stuar Haber y W. Scott Stornetta, dieron uno de los pasos más grandes para la creación de blockchain. Crearon una solución informática para que los documentos digitales tuvieran un sellado de tiempo, con el cual, no se podían manipular ni modificar sin romper esta marca temporal.

Este sistema se usaría para comunicaciones, condiciones de un contrato, y acuerdos entre 2 partes que quedaban "a salvo" de manipulaciones. Además, creaba una cadena de bloques con seguridad criptográfica y almacenaba los documentos con sello temporal. En 1992 se añadieron los árboles Merkle, que agiliza su uso. La tecnología no triunfó y en 2004 caducó la patente. Cuatro años después, llegó Bitcoin.

También Napster, Emule, Bittorrent, ... demostraron que el sistema "peer to peer" (par a par, de igual a igual, de nodo a nodo, de ordenador a ordenador) como sistema descentralizado funcionaba. En estos sistemas los nodos (que son ordenadores) guardaban partes distintas de ficheros, de manera totalmente distribuida, y con una redundancia tan grande como nodos tuviera la red. Así cuando un nodo se descargaba un fichero, realmente se bajaba "trocitos" de esta información de otros nodos. Al no estar centralizado, si un día un nodo no se conectaba a la red, seguía funcionando, pues los "trocitos" de información, estaban en más nodos, y cuando un nodo se descargaba un fichero, unía las diferentes partes y tenía el fichero completo y operativo.

En 2004, el informático y cyberpunk criptográfico Hal Finney introdujo un sistema llamado RpoW: **R**eusable **P**roof **O**f **W**ork (Prueba de Trabajo reutilizable). El sistema funcionó al recibir un token de prueba de trabajo no intercambiable o no fungible basado en Hashcash y, a cambio, creó un token firmado por RSA que luego podría transferirse de una persona a otra.

1.2 Los misterios de la criptografía

Hemos usado criptografía para pasar información de una forma que solo puedan entender, un emisor y un receptor con la clave para cifrar y descifrar el mensaje, desde hace miles de años.

El primer uso conocido de la criptografía, fue en jeroglíficos tallados en el Antiguo Egipto con más de 4.500 años de antigüedad. Más adelante, uno de los primeros dispositivos de cifrado, la Escitala, fue usada por militares espartanos en la
Grecia Clásica.

Pero es en la Segunda Guerra Mundial donde podemos situar
el comienzo de la criptografía tal y como la conocemos
hoy. Es entonces cuando se crean máquinas de cifrado mecánicas y electromecánicas, y un momento clave, es la rotura del cifrado de la máquina Enigma en 1944. El hundimiento de un submarino alemán, puso en manos de los ingleses una máquina Enigma, con la que un equipo de matemáticos, entre los que se encontraba Alan Turing, descifró su criptografía. Este descubrimiento fue causa fundamental de que los aliados ganaran la guerra. Se estima además que esto pudo acortar la guerra 2 años (evitando el coste humano y a todos los niveles, que esto hubiera significado)

Máquina Enigma

Ahora, en la era digital, nuestras comunicaciones, datos personales y datos de transacciones económicas viajan por el ciberespacio. La necesidad de mantener esta información segura es crucial. Imagina enviar un mensaje por Internet o por cualquier red; sin protección, cualquiera podría interceptar y leerlo. Aquí es donde entra en juego la criptografía.

La criptografía es como un lenguaje secreto que solo aquellos en posesión de la clave adecuada pueden entender. Funciona transformando la información en un código que parece incomprensible para los intrusos. Solo cuando se tiene la clave se puede descifrar el mensaje.

Un ejemplo común de criptografía en acción es la encriptación SSL (Secure Sockets Layer) que ves al navegar por sitios web seguros. Cuando al escribir "https:..." delante de la dirección de una página Web, aparece un candado que te informa que la conexión es segura. Cuando introduces información en un sitio web para realizar una compra, por ejemplo, la información se cifra antes de ser enviada. Sólo el servidor del sitio web tiene la clave para desencriptarla. Esto garantiza que tus datos, como por ejemplo los números de tarjeta de crédito, se mantengan seguros durante la transmisión.

Una de las verdaderas revoluciones ha llegado con la tecnología blockchain. Piensa en blockchain como un libro de registro digital que registra, valga la redundancia, todas las transacciones de manera segura y transparente. La criptografía juega un papel fundamental aquí. Cada vez que se realiza una transacción, se cifra y se agrega a un "bloque" que se conecta con otros bloques en una cadena. Una vez que se agrega, es imposible modificarla, lo que garantiza la seguridad y la integridad de las transacciones.

Pero no nos adelantemos, quédate con la idea de que la criptografía es básica para "comunicar" y para hacer seguras las transacciones y el propio valor de cualquier moneda que sea digital. Más adelante irás viendo como todas las piezas encajan.

1.3 El espíritu del cyberpunk

El cyberpunk es un subgénero de la ciencia ficción que surgió a principios de la década de 1980. Se caracteriza por su visión oscura y distópica del futuro, en el que la tecnología se ha apoderado de la vida humana y ha creado una sociedad dividida entre ricos y pobres, entre poderosos y marginados.

El cyberpunk nació en un momento de cambios tecnológicos y sociales rápidos. La revolución informática y la aparición de la cibernética estaban transformando el mundo, y el cyberpunk reflejaba el miedo y la incertidumbre que generaban estos cambios.

Las novelas cyberpunk suelen ambientarse en grandes ciudades futuristas, donde la tecnología es omnipresente y la realidad virtual está a la orden del día. Los personajes principales son a menudo antihéroes, hackers, mercenarios o agentes secretos que luchan por sobrevivir en un mundo hostil.

El cyberpunk ha tenido una gran influencia no sólo en la cultura popular, también en programadores, informáticos, desarrolladores, matemáticos, científicos, ... Es un movimiento que en los 80 generó nuevas maneras de pensar en la tecnología y en el impacto de esta sobre las personas.

El cyberpunk nos habla del poder de la tecnología, y de los peligros de su uso irresponsable. Nos muestra un mundo en el que la tecnología ha creado una nueva realidad, en la que la humanidad está en peligro de perder su identidad.

El cyberpunk es también una crítica a la sociedad actual. Nos muestra un mundo injusto y desigual, en el que los poderosos se aprovechan de los débiles. Nos invita a reflexionar sobre el futuro, y sobre el papel que la tecnología juega en nuestras vidas.

Algunos de los temas clave del cyberpunk:
La tecnología como herramienta de control
La desigualdad social
La pérdida de identidad
La búsqueda de la libertad
La rebeldía contra el sistema

El cyberpunk ha tenido una influencia significativa en el desarrollo de la informática y la tecnología. Sus temas y preocupaciones han llevado a los creadores de tecnología a buscar formas de abordar estos problemas en sus diseños.
Muchos de estos principios están presentes en blockchain. El blockchain se basa en la idea de una economía descentralizada. Con esta idea se reduciría la brecha social. También conlleva el control personal de la identidad digital por cada individuo. Es un planteamiento de los sistemas sin intermediarios. Y además conlleva menos especulación, y más características que iremos descubriendo según profundicemos en las posibilidades de blockchain.

1.4 Los primeros pasos del dinero electrónico

Los primeros sistemas de dinero electrónico, de dinero fiat pero en formato digital, se basaban en el uso de tarjetas de crédito y débito. Las tarjetas de crédito y débito permiten a las personas realizar transacciones electrónicas sin tener que llevar dinero en efectivo.

Las tarjetas de crédito y débito funcionan almacenando información sobre el titular de la tarjeta, como el nombre, la dirección y el número de cuenta. Cuando una persona utiliza una tarjeta de crédito o débito para realizar una transacción, el comerciante envía la información de la transacción a la compañía emisora de la tarjeta. La compañía emisora de la tarjeta verifica la información de la transacción y, si es correcta, autoriza el pago.
Los primeros sistemas de dinero electrónico basados en tarjetas de crédito y débito eran relativamente sencillos. Sin embargo, no eran muy seguros. Las tarjetas de crédito y débito podían ser falsificadas o robadas, lo que podía dar lugar a fraudes.

En la década de 1980, se desarrollaron los primeros sistemas de dinero electrónico basados en redes de ordenadores. Estos sistemas, como CompuServe Cash y First Virtual, permitían a las personas realizar transacciones electrónicas entre sí.

Los sistemas de dinero electrónico basados en redes de ordenadores funcionan almacenando información sobre el titular de la cuenta, como el nombre, la dirección y el número de cuenta. Cuando una persona realiza una transacción, el sistema verifica la información de la cuenta y, si es correcta, autoriza el pago. Los sistemas de dinero electrónico basados en redes de ordenadores eran más seguros que los sistemas basados en tarjetas de crédito y débito. Sin embargo, eran relativamente caros de utilizar.

Con la llegada de Internet, el crecimiento del dinero electrónico se aceleró. Internet permitió a las personas realizar transacciones electrónicas de forma más rápida y fácil que nunca antes.
Los primeros sistemas de dinero electrónico en Internet se basaban en el uso de tarjetas de crédito y débito. Sin embargo, estos sistemas presentaban los mismos problemas de seguridad que los sistemas basados en tarjetas de crédito y débito tradicionales.

En la década de 1990, se desarrollaron nuevos sistemas de dinero electrónico en Internet que eran más seguros que los sistemas tradicionales. Estos sistemas, como PayPal y MoneyGram, utilizaban la tecnología de cifrado para proteger la información de las transacciones.

En la década de 2000, el desarrollo de la tecnología móvil dio lugar a nuevos tipos de dinero electrónico, como los monederos electrónicos y las criptomonedas. Los monederos electrónicos, como Apple Pay y Google Pay, permiten a las personas realizar pagos con sus teléfonos móviles. Los monederos electrónicos utilizan la tecnología Near Field Communication (NFC) para permitir a los usuarios realizar pagos sin tener que introducir su tarjeta de crédito o débito. Acuérdate de cómo te sentiste el primer día que acercaste el móvil (o el reloj) para pagar...

Las criptomonedas (como bitcoin y Ethereum), son un tipo de dinero digital descentralizado que utiliza la tecnología blockchain.

Las criptomonedas tienen el potencial de revolucionar el dinero electrónico. Aun estando en sus primeras etapas de desarrollo, con un formato u otro, serán el futuro.

Para que lo entiendas mejor, las criptomonedas tienen valor porque todos sus usuarios le dan ese valor. Al igual que el dinero que conoces ahora, cambias un coche por una cantidad de trozos de papel, o ni eso, por una transferencia de números que cambia de la cuenta del comprador a la cuenta del vendedor. Las criptomonedas tienen un sistema parecido en cuanto al valor, pero son muy diferentes en cuanto a sus reglas y quién está detrás y lo regula.

¿Has oído hablar del término "corralito"? Un gobierno puede bloquear las cuentas bancarias de sus ciudadanos y no dejarte acceder a tu dinero, Con las criptomonedas esto no puede pasar.

Las reglas las impone un banco central de cada moneda, y pueden cambiarlas cuando quieran. Las reglas de las criptomonedas están claras desde el principio, se basan en tecnología y no pueden cambiarse al antojo de una entidad centralizada.

Uno de los primeros conceptos que tenemos que tener claro, al hablar de dinero, es que significa dinero fiat (no, no es un coche). Distinguimos primero entre el dinero fiat y el dinero fiduciario de la siguiente manera: el dinero fiat obtiene su valor a través de un decreto establecido por una entidad centralizada, como un Banco Central (un país que emite su moneda), mientras que el dinero fiduciario adquiere su valor gracias a la confianza que la sociedad deposita en él. En resumen, podemos decir que el dinero fiat es una forma específica de dinero fiduciario.

El sistema monetario internacional se convirtió en su totalidad en un sistema fiduciario en 1971, cuando Estados Unidos decidió abandonar los Acuerdos de Bretton Woods, poniendo fin al sistema respaldado por el patrón oro. Como resultado, las monedas y billetes emitidos por los bancos centrales se respaldaron únicamente en la confianza depositada en la entidad emisora, sin ningún respaldo tangible. Como se mencionó previamente, el valor del dinero fiat se deriva de un decreto emitido por una entidad central, mientras que en el caso de criptomonedas (como bitcoin o Ethereum), no existe una entidad central que tenga el control sobre su emisión. Las criptomonedas no están sujetas a control gubernamental, institucional o individual. Son totalmente descentralizadas.

En cambio, la confianza en las criptomonedas (como pueden ser bitcoin del blockchain Bitcoin o ether del blockchain Ethereum) se basa en su tecnología, específicamente en una base de datos que registra de manera exhaustiva todo el historial de transacciones de la red y se actualiza constantemente con cada nueva operación. Esta base de datos se conoce como "Blockchain" (¿te suena?) y proporciona un alto nivel de seguridad al sistema, ya que se actualiza de manera rápida y simultánea en todas las computadoras que conforman la red, lo que garantiza la integridad de las transacciones y previene cualquier actividad fraudulenta. También incluye solución al problema del doble gasto, que veremos en capítulos posteriores.

Capítulo 2: Desentrañando Blockchain

2.1 Definición y esencia de Blockchain
2.2 La maravilla de la descentralización
2.3 Mineros y la carrera por el consenso
2.4 Conociendo las principales Blockchains

2.1 Definición y esencia de Blockchain

Antes de darte la definición de blockchain de una manera formalmente correcta, voy a hacerte una aproximación. Conoces las tablas de Excel, las de Access, incluso quizá alguna base de datos tipo SQL o similar. Pues bien, sabes que hay una base de datos o tabla donde se guardan los datos, se van añadiendo filas. Una tras otra, se guardan las filas de información. Estas tablas están en "un sitio" y hay un dueño o administrador que tiene control total. Si mañana el dueño decide cambiar los datos de un registro, podría hacerlo sin problema. ¿Y si mañana te conectas a ver el saldo de tu cuenta de ahorros y ves 0,00 €? ¿Podrías probar que algún error ha cambiado el saldo de tu cuenta? ¿Y si el dueño no te deja entrar a ver la información? Da un poco de escalofrío pensar hasta qué punto estamos en manos del sistema que nos cuida y nos protege...

Pero hay una tecnología pensada para intentar evitar las desventajas del sistema económico como lo conocemos hoy, se llama Blockchain. Blockchain es una tecnología que permite almacenar información de forma segura y transparente. Se basa en un sistema de bloques interconectados, cada uno de los cuales contiene información sobre una transacción.

Vamos a masticar un poco la definición de blockchain y exponerla de diferentes maneras:

Blockchain es un sistema descentralizado y distribuido de almacenamiento de datos que funciona como un libro de contabilidad digital inmutable. En lugar de depender de una autoridad central, utiliza una red de nodos para verificar y registrar transacciones de manera transparente y segura. Cada bloque de información se enlaza al anterior mediante una técnica de criptografía, formando una cadena de bloques interconectados, de ahí su nombre.

Blockchain es un sistema de registro distribuido que permite almacenar información de forma segura y transparente. Se basa en un sistema de bloques interconectados, cada uno de los cuales contiene información sobre una transacción. Los bloques están conectados entre sí mediante un algoritmo criptográfico, lo que hace que sea muy difícil alterar o eliminar la información contenida en ellos. La información contenida en un bloque puede ser cualquier cosa, desde una transacción financiera hasta un registro de propiedad.

La esencia de blockchain es la descentralización. La información no está almacenada en un solo lugar, sino que está distribuida en una red de ordenadores. Esto hace que sea mucho más difícil manipular o falsificar la información, ya que requeriría el acceso a una gran cantidad de ordenadores. Además, blockchain es una tecnología transparente. Cualquiera puede acceder a la información almacenada en la cadena de bloques, lo que ayuda a prevenir el fraude y la corrupción. Quiero aquí hacer hincapié en el hecho de que el entrelazamiento de un bloque con otro, es lo que hace que no se pueda modificar la información, ya que, si se cambia algo de un bloque, cambia el código que se calcula en base a la información que lleva el propio bloque, y ya no coincidiría.

Blockchain funciona de la siguiente manera:

1. Cuando se realiza una transacción, se crea un bloque que contiene información sobre la transacción.

2. El bloque se añade a la cadena de bloques.

3. Otros ordenadores en la red verifican el bloque. (minería)

4. Si el bloque es válido, se añade a la cadena de bloques.

5. Este proceso se repite cada vez que se realiza una transacción.

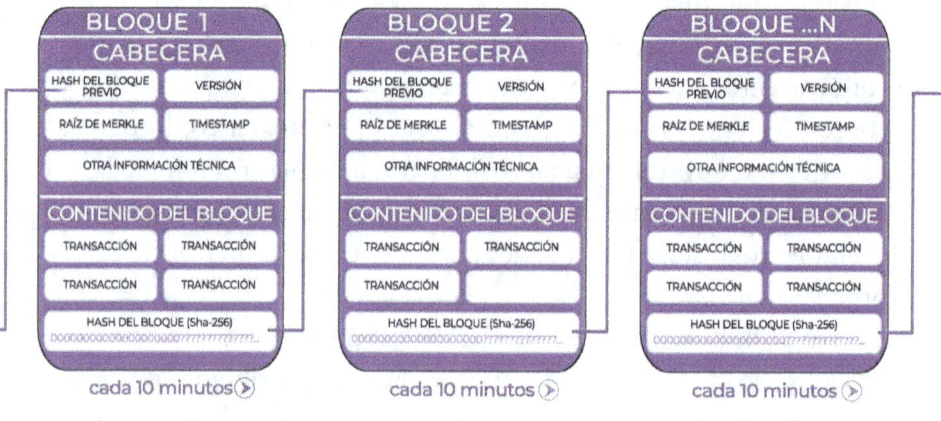

2.2 La maravilla de la descentralización

La descentralización es el principio que desafía la estructura tradicional de organizaciones, instituciones y sistemas. En lugar de depender de una entidad central, como un gobierno o una empresa, blockchain propone un modelo donde el poder se distribuye entre una red global de nodos, sin un punto único de control. Esta ausencia de intermediarios centrales es lo que hace que blockchain sea tan innovador. En un mundo donde la confianza es un bien preciado, blockchain ofrece una solución revolucionaria. Al eliminar intermediarios, como bancos o autoridades gubernamentales, las transacciones se vuelven más transparentes y eficientes. La confianza se deposita en el código y en la matemática, en lugar de en instituciones humanas.

En una red blockchain, los nodos (ordenadores) trabajan juntos para validar y registrar transacciones. Para que una transacción sea confirmada, la mayoría de los nodos deben estar de acuerdo. Esto se conoce como consenso, y es una parte fundamental de la descentralización. Nadie puede controlar la red sin el acuerdo de la mayoría.

La descentralización está transformando industrias enteras. Las criptomonedas como bitcoin han desafiado el monopolio de los bancos centrales en la emisión de dinero. Las aplicaciones descentralizadas (DApps) y las finanzas descentralizadas (DeFi), están cambiando la forma en que interactuamos en línea, desde la gestión de identidades hasta el comercio.

A pesar de sus ventajas, la descentralización no está exenta de desafíos. La escalabilidad, la seguridad y la gobernanza son cuestiones clave que deben abordarse. Sin embargo, a medida que blockchain continúa evolucionando, también lo hacen las soluciones para estos desafíos.

La descentralización es el motor que impulsa la revolución de la blockchain. Al cambiar la forma en que confiamos, interactuamos y compartimos, esta tecnología está abriendo un mundo de posibilidades sin precedentes. Más adelante veremos cómo blockchain está transformando industrias específicas y cómo podemos prepararnos para el futuro descentralizado que se avecina. Abróchate el cinturón...

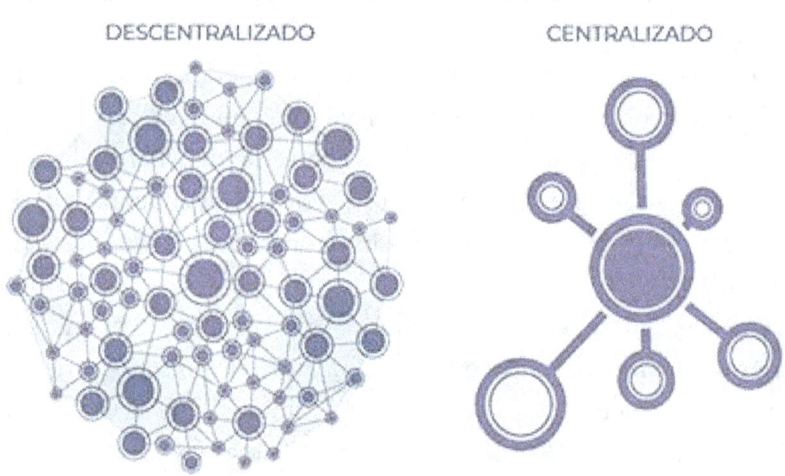

2.3 Mineros y la carrera por el consenso

A este procedimiento se le denomina "minería" porque, en esencia, se asemeja a la extracción de minerales como el oro o el carbón. La diferencia radica en que, en lugar de emplear un pico y una carretilla para obtener valor del suelo, se utilizan programas y hardware informático para extraer valor de la red. Ya se usa este concepto de minero y minería, en juegos multijugador online, tipo metaverso, como por ejemplo el World of Warcraft (WoW). En este juego también se consigue valor minando, con lo que se pueden crear objetos, y se puede comercializar esto vendiéndolo a terceros dentro del juego.

La minería en blockchain es el proceso mediante el cual se verifican y registran las transacciones en una red de criptomonedas basada en blockchain. En este proceso, los participantes, conocidos como "mineros", utilizan una gran cantidad de recursos computacionales para resolver complejos problemas matemáticos. Estos problemas, conocidos como rompecabezas criptográficos, son esenciales para garantizar la seguridad y la integridad de la red blockchain.

Cuando un minero resuelve con éxito uno de estos rompecabezas, tiene el derecho de agregar un nuevo bloque de transacciones a la cadena de bloques. Como recompensa por su trabajo y como incentivo para seguir verificando transacciones, el minero recibe una recompensa en forma de criptomonedas recién creadas. Además de esta recompensa de bloque, los mineros también reciben una comisión por cada transacción que validan. Por lo que en Bitcoin, los mineros son recompensados con 6,25 bitcoins por cada bloque

que crean. La recompensa por bloque se reduce a la mitad cada cuatro años (se conoce como Halving, el próximo será a finales de abril de 2024 y la recompensa pasará a ser 3,125 bitcoins).

La minería desempeña un papel crucial en el funcionamiento de las criptomonedas y blockchain, ya que asegura la integridad de la red y permite el consenso descentralizado entre los participantes. En esencia, los mineros son los guardianes de la seguridad y la confiabilidad de la cadena de bloques, y su labor contribuye al funcionamiento eficiente y seguro de las criptomonedas como bitcoin.

En otras blockchain, el token principal o moneda, se genera o se mina de diferentes maneras. Por ejemplo, en la blockchain de Theta (streaming de contenidos en una red P2P) la forma de conseguir o minar tokens Theta, es crear contenidos que sean consumidos por los visitantes. En otras blockchains como el proyecto Helium (conectividad a la red de internet y a la red móvil descentralizada), para conseguir su moneda o token HNT tienes que tener una antena que comparta cobertura para que los usuarios puedan conectarse a ella y tener conectividad. Para "minar" se hace con la prueba de cobertura o PoC (**P**roof **of C**overage). PoC consiste en verificar que los puntos de acceso muestren sus ubicaciones precisas y que crean una cobertura de red inalámbrica usable, y por ello recompensan con HNT a los nodos. Otros blockchain recompensan por andar (WeWard), por correr (Stepn), y muchas más formas de hacer que una blockchain sea viable. Todo esto es lo que da lugar al "Tokenomics" que veremos en el capítulo 9. El tema de crear una economía de tokens que sustente un blockchain da para escribir varios libros. Vamos a hacer un acercamiento para que sepas qué es.

2.4 Conociendo las principales Blockchains

Antes de presentarte las blockchain más populares, vamos a ver qué tipos hay. Por el tipo de acceso a ellas y a su información podemos distinguir 3 tipos:
-la blockchain pública
-la blockchain privada o permisionada
-la blockchain híbrida o federada

Las blockchains de acceso público ofrecen un entorno operativo completamente abierto, lo que significa que cualquier individuo puede acceder a ellas.
Las blockchains privadas operan en una red restringida, limitada a un conjunto de usuarios que han sido previamente autorizados por un administrador central.
La fusión de estas dos variantes, da lugar a un tercer tipo de blockchain conocido como blockchain híbrida o federada. En estas redes, se emplea la tecnología propia de una blockchain privada, pero los hash de los bloques se suelen almacenar en una blockchain de acceso público.

Publicas	Privadas	Federadas	BaaS Blockchain as a Service
Bitcoin	Hyperledger	Hyperledger	IBM
Ethereum	Corda	Corda	Amazon
Solana	Quorum	Quorum	Microsoft

Vamos a destacar algunas de las más influyentes y conocidas:

 Bitcoin:

Comenzamos con la visionaria original, Bitcoin. Nacida en 2009 y presentada por Satoshi Nakamoto (nadie conoce su identidad, incluso podría ser un grupo de personas), esta criptomoneda no solo sacudió los cimientos financieros, sino que también sentó las bases de la tecnología blockchain. La blockchain de Bitcoin es una red pública y descentralizada que permite transacciones seguras sin intermediarios. Como hemos visto en la definición, es un libro de contabilidad digital compartido donde cada transacción queda registrada en un bloque, de manera irreversible. Su seguridad y resistencia a la censura son su seña de identidad. El token o criptomoneda de este blockchain es bitcoin (BTC). (Bitcoin es mucho más, le dedicaremos un subcapítulo completo)

 Ethereum:

Si Bitcoin fue el primero, Ethereum dio un paso gigante. Esta blockchain, presentada en 2015 por Vitalik Buterin, introdujo el concepto de contratos inteligentes (Smart Contracts). Estos son programas autónomos que permiten acuerdos automatizados sin intermediarios (los veremos más detenidamente en el capítulo 5). Ethereum se ha convertido en un epicentro de innovación para aplicaciones descentralizadas (DApps), dando lugar a un vibrante ecosistema que abarca desde juegos en línea hasta finanzas descentralizadas (DeFi). El token o criptomoneda de este blockchain es ether (ETH). (Ethereum es mucho más, le dedicaremos un subcapítulo completo)

 Ripple:

Mientras que Bitcoin y Ethereum buscan descentralizar las finanzas, Ripple tiene un enfoque distinto. Esta blockchain tiene como objetivo simplificar y acelerar las transferencias de dinero interbancarias y transfronterizas. Gracias a sus asociaciones con instituciones financieras en todo el mundo, Ripple está redefiniendo el sistema bancario tradicional al eliminar intermediarios costosos y reducir los plazos de liquidación. El token o criptomoneda de este blockchain es Ripple (XRP).

 Binance Smart Chain:

La escalabilidad es fundamental, Binance Smart Chain se ha posicionado como una alternativa ágil y rentable a Ethereum. Esta blockchain ha ganado fama por ser el lugar predilecto de proyectos DeFi y NFT debido a sus bajos costos de transacción y rápidos tiempos de confirmación. Binance Smart Chain se ha convertido en un competidor serio en el mundo de las blockchains, atrayendo tanto a desarrolladores como a usuarios. El token o criptomoneda de este blockchain es BNB (BNB).

 Cardano:

Cardano es otra joya en el mundo blockchain. Fundada en 2015 por Charles Hoskinson, uno de los co-fundadores de Ethereum, esta blockchain se destaca por su enfoque en la sostenibilidad y la escalabilidad. Cardano se basa en una plataforma de prueba de participación (PoS) y tiene como objetivo brindar servicios financieros a personas no bancarizadas en todo el mundo. El token o criptomoneda de este blockchain es ADA (ADA).

 Polkadot:

Polkadot, lanzada en 2020 por el cofundador de Ethereum, Gavin Wood, es una blockchain que busca conectar diferentes blockchains en un ecosistema interconectado. Su objetivo es permitir la comunicación y la transferencia de activos entre distintas cadenas de bloques, lo que podría revolucionar la forma en que operan las redes blockchain. El token o criptomoneda de este blockchain es DOT (DOT).

 Chainlink:

Chainlink es esencial en el mundo de las blockchains gracias a su capacidad para conectar contratos inteligentes con datos del mundo real de manera segura y confiable. Esto abre un abanico de posibilidades para aplicaciones descentralizadas que requieren información actualizada y precisa. Aunque Chainlink es más etiquetado como un "Oráculo" y veremos más adelante qué significa esto, también es una blockchain. El token o criptomoneda de este blockchain es LINK (LINK).

 Solana:

Solana es una blockchain conocida por su velocidad y eficiencia. Su arquitectura de alto rendimiento permite un gran número de transacciones por segundo, lo que la convierte en un competidor serio en el espacio de las blockchains escalables. Además Solana ha sacado un móvil "Solana Saga" que lleva una tienda de DApps y funciones avanzadas para su wallet integrada. El token o criptomoneda de este blockchain es SOL (SOL).

Existen muchas más blockchain, y es posible que en un futuro no muy lejano, cada empresa tenga su propia blockchain (como ahora tiene su propia Base de Datos, o su propia Página Web). Vamos a seguir avanzando y viendo cómo sobre la tecnología blockchain que estamos viendo, va sumándose el valor que hace que pueda considerarse propiedad, acciones, inmobiliario, e incluso "dinero".

Capítulo 3: El Refugio de tus activos digitales

3.1 Wallets: Más que una cartera

¿Qué es una wallet o billetera o monedero electrónico?

Una wallet o billetera o monedero electrónico es un software o hardware que te permite almacenar y enviar tus criptomonedas. Es como tu monedero físico donde llevas los billetes, las monedas, tickets de compras y las fotos de tus nietas. Es tu monedero, porque está en tu bolsillo, es tuyo, te pertenece y puedes sacar un billete para pagar una compra y meter las monedas de la vuelta.

La wallet es tuya porque tienes las claves para acceder a ella y puedes meter y sacar las criptomonedas o activos digitales que quieras.

Tipos de billeteras o wallets

Hay dos tipos principales de wallets: wallets calientes y wallets frías.

Las wallets calientes se almacenan en línea y están conectadas a Internet. Las billeteras calientes son más convenientes para acceder a tus fondos, pero también son más vulnerables a los ataques.

Las wallets frías se almacenan sin conexión a Internet y son más seguras que las wallets calientes. Las wallets frías son una buena opción para almacenar grandes cantidades de criptomonedas.

Además, tienes que tener en cuenta que las wallets de momento no soportan todos los tokens, ya que se ejecutan en determinadas blockchain. La tendencia es que serán compatibles por lo menos con las principales. Pero entonces ¿cómo elegir una wallet? Al elegir una wallet, debes considerar lo siguiente:

El tipo de criptomoneda que deseas almacenar.
El nivel de seguridad que deseas.
La comodidad de uso.

Si eres principiante, puede ser una buena idea comenzar con una wallet caliente. Hay muchas wallets calientes disponibles, como MetaMask, Coinbase Wallet, Trust Wallet, Phantom, Coinomi, ... Estas wallets son fáciles de usar y están disponibles para una gran variedad de dispositivos.

Si tienes grandes cantidades de criptomonedas, es una buena idea usar una wallets fría. Las wallets frías más populares son Ledger Nano X y Trezor Model T. Estas wallets son más seguras que las billeteras calientes, pero también son más caras. Además, tienes que pensar en un lugar seguro donde guardarlas, a salvo de posibles "despistes" o de algún tipo de desastre natural, como inundación, incendio, ...

Y ¿cómo usar una billetera? Para usar una billetera, debes crear una cuenta y luego guardar tus claves públicas y privadas. Tus claves públicas se utilizan para recibir criptomonedas, mientras que tus claves privadas se utilizan para enviar criptomonedas (pero no te preocupes, no tienes que hacerlo tú, lo hace el wallet).

Una vez que hayas creado una cuenta y guardado tus claves (para guardar tus claves, puede servirte de ayuda la plantilla al final del libro), puedes comenzar a enviar y recibir criptomonedas. Para enviar criptomonedas, debes ingresar la dirección de la billetera del destinatario y la cantidad de criptomonedas que deseas enviar. Para recibir criptomonedas, debes proporcionar la dirección de tu billetera al remitente. Normalmente y para facilitar el proceso, se crea un código QR, esos cuadritos con puntos que lee la cámara del móvil y lo traduce a un "churro de caracteres". Se creará en tu billetera para que se la puedas facilitar al que va a hacerte el ingreso. Y se crea en la wallet de la persona a la que le vas a enviar dinero

Wallets Web3 Blockchain: Tipos y las más usadas.
Uno de los elementos fundamentales que todo usuario debe comprender, son las wallets Web3. Estas carteras digitales, a menudo enigmáticas para los recién llegados, son las llaves que permiten a los usuarios acceder y gestionar sus activos digitales en la era de la Web3. En este capítulo, desglosamos qué son las wallets Web3 blockchain, los diferentes tipos que existen y cuáles son las más utilizadas en el emocionante panorama de la criptomoneda.

Pero ¿qué son las Wallets Web3 Blockchain? En esencia, una wallet Web3 es una aplicación o software que te permite almacenar, recibir y enviar criptomonedas y activos digitales en una blockchain. Funcionan como una combinación de una billetera física y una interfaz de banca en línea, pero diseñada específicamente para interactuar con activos digitales descentralizados. Estas wallets te permiten tener el control total de tus fondos y son esenciales para la seguridad y la gestión de tus activos en el mundo de las criptomonedas.

Existen varios tipos de wallets Web3, cada una con sus propias características y niveles de seguridad. Aquí te presentamos los tres tipos más comunes:

Wallets de Software: Estas son aplicaciones o programas de software que puedes descargar e instalar en tu dispositivo. Son fáciles de usar y convenientes para el almacenamiento y la gestión de criptomonedas. Ejemplos populares son: Trust Wallet, Exodus y Atomic Wallet.

Wallets de Hardware: Estas son carteras físicas que almacenan tus claves privadas fuera de línea, lo que las hace extremadamente seguras. Son ideales para aquellos que desean una protección adicional para sus activos. Ejemplos notables son Ledger Nano S y Trezor.

Wallets Web: Estas wallets funcionan a través de una interfaz web y te permiten acceder a tus activos desde cualquier dispositivo con conexión a Internet. Son convenientes, pero debes tener precaución con la seguridad. Algunos ejemplos populares son MetaMask, MyEtherWallet y Coinbase Wallet.

A medida que el interés en las criptomonedas crece, algunas wallets Web3 se destacan por su popularidad y funcionalidad. Aquí te presentamos algunas de las más utilizadas:

MetaMask: Esta wallet web es ampliamente reconocida por su integración con Ethereum y su facilidad de uso. Es especialmente popular entre los usuarios de aplicaciones descentralizadas (DApps).

Trust Wallet: Con una interfaz amigable y amplia compatibilidad con diversas blockchains, Trust Wallet es una elección favorita para muchos entusiastas de las criptomonedas.

Coinbase Wallet: Ofrecida por la conocida casa de cambio Coinbase, esta wallet web es accesible y segura, lo que la convierte en una opción sólida para los principiantes.

Ledger Nano S: Entre las wallets de hardware, Ledger Nano S es una de las más confiables y respetadas. Su diseño robusto y su enfoque en la seguridad la hacen destacar.

Como conclusión hemos visto cómo las wallets Web3 blockchain, son la puerta de entrada al mundo de blockchain, Web3 y criptomonedas. Ya sea que prefieras la comodidad de una wallet de software, la seguridad de una wallet de hardware o la accesibilidad de una wallet web, es muy importante comprender cómo funcionan y elegir la que mejor se adapte a tus necesidades. En el siguiente subcapítulo, veremos las medidas de seguridad clave que debes tomar para proteger tus activos digitales en todo momento.

TIPOS DE WALLETS

	Almacenamiento Caliente	Almacenamiento Frío
HARDWARE		Ledger Nano X Trezor Model T
SOFTWARE — Web	- Blockchain.com - Metamask - Binance - Coinbase	
SOFTWARE — Escritorio	- Exodus - Electrum	
SOFTWARE — Móvil (App)	- Trust Wallet - Atomic Wallet - Mycelium	

3.2 Construyendo tu propio refugio - Seguridad

Pues toca hablar de seguridad. En el mundo físico hay que tomar precauciones para evitar que te roben la cartera, que te hagan el timo de la estampita, o incluso invertir en sellos (como el Ponci de Forum Filatélico). En el mundo digital, también hay que tener cuidado con los amigos de lo ajeno.

Algunos de los riesgos van a estar fuera de tu alcance, es decir, no vas a poder hacer mucho. Hoy por hoy, si hackean los datos de las webs donde compras, roban un banco, o los bancos se ponen a prestar tu dinero a "hipotecas subprime", no vas a poder hacer mucho para evitarlo. Igualmente, si hackean alguna parte de los procesos en la blockchain, no vas a poder hacer mucho.

Pero también puedes ir andando por la calle y caerte una maceta en la cabeza ¿vas a dejar de salir a la calle? Vamos a ver qué es lo que sí puedes hacer para minimizar casi a 0 los riesgos.

1. Pérdida de claves privadas. Las wallets suelen ser de auto custodia, por lo que tú y solo tú podrás tener acceso a lo que guardes en ellas (criptomonedas, NFTs, ...) tú eres responsable y tienes el control total de las claves privadas. El respaldo de estas claves se hace con una frase de recuperación, o frase semilla (seed phrase) o también llamada Frase de Recuperación Secreta (SRP). Escríbela en papel y escóndela en algún lugar seguro, que luego recuerdes... (al final del libro, o del Ebook, hay unas plantillas que te ayudarán a ello), en una caja de seguridad o usa un administrador de contraseñas seguro. ¡Puedes incluso grabar tus frases en placas de metal!, así no les afectan los incendios ni las inundaciones, terremotos, ... (mira en la tienda de Gadgets). Y una de las opciones más seguras, es tener en

un fichero todas las frases de recuperación secretas que vas teniendo (tendrás varias wallets) y guardarlo en varios dispositivos USB (3 o 4 serán suficientes), también conocidos como pendrive o "pincho" USB. Encriptas los dispositivos USB (si no sabes cómo, o lo googleas o mira en mi página que hay un artículo sobre ello) y los dejas en varios sitios (la casa de tus padres, de tus hijos, de tus nietos, de un amigo, en una caja de seguridad, de algún familiar, ...)

2. Phishing, estafas y hackeos contra la wallet de criptomonedas o contra las claves privadas del usuario. En la Web3 actual, la wallet es como un pasaporte digital único que te valida como usuario y te da acceso a servicios. Un clásico es que te regalen un NFT o alguna criptomoneda, y cuando lo minteas (cuando la acuñas, pasa a ser de tu propiedad dentro de tu wallet) lleva un "código malicioso" que te vacía la cartera y la envía a una del atacante. ¡Nunca uses wallets con fondos para cosas que no sea tener fondos! Configura y ten siempre una Wallet sin fondos para cosas que se salgan de lo normal, sobre todo de regalos de desconocidos. Si alguna vez por despiste o desidia te pasa, recordarás el capítulo 3, versículo 3.2 de este libro...

3. Fallos y/o vulnerabilidades de Smart Contracts (Contratos inteligentes, ya veremos más en detalle qué es esto). Procura utilizar DApps muy conocidas con un historial de confiabilidad probado, y con historial de seguridad contrastada. Comprueba dos veces, o las que necesites, las URL de los servicios que utilizas, para asegurarte que son las correctas, incluso añade a favoritos las URLs, para entrar desde tus accesos, no desde unos que te lleguen por correo o algún medio en el que puedan alterar alguna parte de la dirección y llevarte a otro sitio que no es el de verdad.

4. Fallos corporativos en un blockchain en particular o en servicios de intercambio o empresas de criptomonedas que no tienen el mismo nivel de supervisión gubernamental (en España CNMV con la ley MICA) que los servicios tradicionales. Y en general, usa la autenticación de doble factor (2FA), usa contraseñas seguras (por ejemplo, más largas y con caracteres, mayúsculas, minúsculas, etc.). No reutilices las mismas contraseñas entre distintos servicios. Mantente alerta de las estafas e intentos de phishing (entérate en páginas de noticias o tipo Incibe https://www.incibe.es/), y comprueba la fuente antes de hacer clic o descargar algo.

Y recuerda todos los consejos básicos:
- nunca compartas tus claves privadas con nadie
- guarda tus claves privadas en un lugar seguro
- utiliza una contraseña segura para tu billetera
- mantén tu billetera actualizada con las últimas versiones
- confirma y asegúrate que el QR que lees es el correcto y no uno que han cambiado para que envíes la transferencia a otra billetera. Se ha detectado que carteles con QR para ingresar en una billetera habían sido cambiados (pegado encima el QR malicioso), apuntando a una dirección cambiada
- nunca compres un hardware wallet de segunda mano. Se han dado casos en los que el vendedor ha dejado un "código malicioso" que ha reenviado los tokens que guardas en esa wallet, a otra wallet del anterior dueño... mucho espabilado suelto...Compra originales y precintadas.

Siguiendo estos consejos, puedes tener mayor protección de tus fondos ante algún tipo de ataque.

Capítulo 4: El universo de los Tokens

4.1 La esencia de los Tokens
4.2 Tipos de Tokens
4.3 La magia de la Tokenización

4.1 La esencia de los Tokens

¿Qué es un token?

Los tokens eran las fichas (como las de los casinos), pseudomonedas o vales que se utilizaban como reemplazo del dinero fiduciario (el dinero que emite cada estado) o como representación de un bien o servicio. El token tiene el valor que representa dentro de ese "espacio", por ejemplo, dentro del casino, es posible que en una panadería no te cambiarán el pan por un trozo de plástico que ponga 1 Euro, pero en el casino que se emitió te darán el valor en Euros que ponga en la ficha.

Podemos decir entonces, que un token es una unidad de valor. En el caso de los tokens de blockchain, el valor viene dado por las características de la blockchain en la que se emite y por lo que representa y el valor que la comunidad le da. Es la representación de un activo digital en una cadena de bloques y representa cualquier cosa a la que los que la usan le dan un valor.
Puede ser desde una forma de pago tipo moneda, hasta una casa o una canción, una imagen, o un derecho de propiedad. La diferencia con otros tokens no digitales es que, en la blockchain hay trazabilidad, seguridad y la imposibilidad de falsificación.

Entonces un token es una unidad de valor, las criptomonedas son un token, los NFT son un token, y cuando se "tokeniza" algo, se divide en porciones de valor.

4.2 Tipos de Tokens

En el mundo de las criptomonedas, existen diferentes tipos de tokens, cada uno con un propósito único. Uno de los más comunes es el token de moneda, que se usa como dinero digital en transacciones financieras. Aquí te presentamos algunos de ellos.

- **Token de Seguridad o Security Tokens**: Estos son como inversiones digitales respaldadas por activos tradicionales como acciones o bonos. Los inversores pueden obtener exposición a estos activos sin poseerlos físicamente. Además, se benefician de la tecnología blockchain para un registro seguro y están regulados por agencias gubernamentales.

- **Token de Utilidad o Utility Tokens**: Estos tokens ofrecen servicios o productos además de su valor como activos digitales. No se consideran valores en la misma medida y pueden tener implicaciones legales si se comportan como valores.

- **Tokens Fungibles y No Fungibles Tokens (NFT): Los tokens fungibles son intercambiables y tienen el mismo valor entre sí.** Son como el dinero que conoces, se puede partir en partes más pequeñas, 1 euro son 2 monedas de 0,50 céntimos. Se fracciona y se intercambia con un valor exactamente igual entre una medida y otra. Los tokens fungibles, son conocidos técnicamente como ERC-20, cuando oigas ERC-20, no creas que es un robot de la guerra de las galaxias, son simplemente un tipo de token fungible.

Los NFT son únicos y no se pueden intercambiar, es decir, un NFT no tiene el mismo valor que otro. Un ejemplo de NFT sería una imagen conmemorativa de un evento, un "fan token", que es el token que se acuña (o mintea, recuerda) para los fans de algún grupo, equipo o cualquier clase de ídolo con seguidores, o también la imagen de un mono. Los tokens no fungibles, son denominados técnicamente ERC-721.

- **Tokens Comunitarios**: Recompensan a quienes contribuyen a una comunidad. Los poseedores pueden acceder a beneficios como servicios exclusivos o descuentos.

- **Tokens Vinculados a Valores**: Están respaldados por activos como metales preciosos o acciones y permiten a los inversores adquirir activos reales en lugar de solo moneda digital.

- **Tokens de Gobernanza**: Utilizados para votar sobre cambios en una plataforma de tokens. Los poseedores tienen voz en su desarrollo y mejoras.

Estándares de tokens:

ERC-20: se trata del estándar más popular. Son tokens fungibles (es decir que se pueden intercambiar entre ellos) e implementan una API para su desarrollo a través de smart contracts. Este estándar permite la interacción de los smart contracts y las DApps, facilitando la creación de un ecosistema interoperable.

ERC-721: es el estándar más utilizado para la creación de NFT. Este estándar permite implementar características únicas a cada unidad, haciendo que sean únicos y no se puedan cambiar por otro.

ERC-1155: Se trata de un tipo de token que puede mezclar las características de los tokens ERC-20 y de los ERC-721.

4.3 La magia de la Tokenización

La tokenización es el proceso de convertir activos del mundo real (tangibles o intangibles) en activos digitales. Esto significa que podemos comprar y vender partes de activos, como bienes raíces, obras de arte o acciones, en formato digital.

Los tokens son como acciones de un activo. Cada token representa una parte proporcional del activo, por lo que el propietario del token posee una parte proporcional de los derechos de propiedad u otros derechos asociados al activo.

La tokenización tiene varias ventajas. Hace que los activos sean más accesibles, ya que se pueden dividir en partes más pequeñas. También hace que los activos sean más líquidos, porque se pueden comprar y vender fácilmente.

Hay una frase que reza: "Todo lo que pueda ser tokenizado, será tokenizado", y se dice que "todo" se puede tokenizar... Imagina poder poseer una fracción de la propiedad de cualquier bien que genere rentas, y que cobres dependiendo de la cantidad de tokens que tengas. Se pueden particionar los bienes en trocitos que pueden ser por ejemplo de 10€, y poseer esa cantidad de una casa o de una obra de arte. Y aún hay más, imagina que tú eres el copropietario de un piso con los modelos actuales ¿Que hay que hacer para vender tu parte? Muchos papeleos, permisos, notarios, ... si tu participación es un token, con un valor, puedes venderlo cuando quieras, con solo que otra persona quiera pagarte el valor por el que tú lo vendas, directamente, sin intermediarios, ... ¡suena bien, verdad!

Esto va a cambiar el mundo como lo conocemos. Si como yo, eres de los que piensan que el comercio es una de las actividades que nos hizo evolucionar en dirección homo sapiens a lo que seamos ahora, después de la tokenización toda la cultura de nuestra especie cambiará. Hay que regenerar y reinventar el concepto "inversión", mezclarlo con "participación" y "descentralizado" por lo que comprar estas partes de bienes será algo como "despartiversión" o algún término que se cree para este nuevo paradigma.

Algunos ejemplos de tokenización:

Tokenización de bienes raíces: La tokenización de bienes raíces permite a los inversores comprar y vender partes de propiedades inmobiliarias.

Tokenización de obras de arte: La tokenización de obras de arte permite a los inversores comprar y vender partes de obras de arte.

Tokenización de acciones: La tokenización de acciones permite a los inversores comprar y vender partes de empresas.

La tokenización es una tecnología emergente que tiene el potencial de revolucionar la forma en que compramos y vendemos activos.

Y para cerrar esta aproximación al concepto de token y tokenización, me gustaría poner un ejemplo, en un territorio que tendrá mucho que ver con la adopción masiva de esta tecnología: los videojuegos.

Los videojuegos basados en blockchain para el comercio, la gamificación, los premios y la gobernanza, se han etiquetado de una manera más o menos acertada, Play to Earn (P2E), o jugar para ganar. Últimamente se están llamando Play&Earn(P&E), o jugar y ganar. En los juegos más modernos, el concepto de metaverso se entrelaza mucho con lo que es un videojuego. Las interacciones entre los jugadores generan un comercio que algunos grandes juegos en el pasado "parchearon" en unos mercados muy marcados por una propiedad centralizada. La idea en los nuevos juegos es descentralizar, usar blockchain y la tokenización para crear mundos más libres y más justos a todos los niveles.

En un juego blockchain puede haber 3 tipos de token, uno que es la moneda, con la que se hace el comercio. Un segundo tipo son los tokens fungibles. NFTs para los logros, que como bienes no fungibles son únicos, como una armadura, una pistola, o miles de objetos dentro del juego. Y el tercer tipo, tokens de gobernanza, lo que da a los jugadores voz y voto a la hora de decidir las mejoras en el juego. Increíble verdad. Pues estos tokens, todos ellos, son de tu propiedad y están en tu wallet.

¿Qué pasa con todo lo que has logrado en el juego tras muchas horas de dedicación? Pues que a diferencia de lo que pasaba antes, ahora, puedes vender cualquiera de los tokens a terceros, incluso sin intermediarios, directamente a otro jugador que quiera comprar. Se habla incluso de poder llevar estos tokens de un juego a otro.

Otra de las opciones que van a aprovechar es que al tener un valor real dentro y fuera del juego, podrás usar tu token moneda para comprar comida en el juego. Con esto recuperarás vida en tu personaje. Pero una vez comprada esa comida en el juego, si en lugar de dársela a tu personaje en el juego, te apetece a ti, con un clic se envía la orden a una agencia de las que te lleva la comida a casa, y lo siguiente es que suene el timbre y tengas la cena... así será.

Capítulo 5: Contratos inteligentes: La revolución de la confianza digital

5.1 Smart Contracts al descubierto
5.2 Usos y lugares donde se aplican
5.3 Los desafíos y la promesa

5.1 Smart Contracts al descubierto

Desde hace mucho tiempo, los contratos han sido el pilar fundamental de la economía, el comercio y los negocios. Son acuerdos legales que rigen nuestras transacciones, desde la compra de una casa hasta la contratación de un servicio de telefonía. Estos acuerdos tradicionales se están transformando gracias a una innovación tecnológica innovadora y que es posible gracias a blockchain: los Contratos Inteligentes, o Smart Contracts.
Los Smart Contracts no son un concepto nuevo, pero su implementación en blockchain ha sido definitiva para que se utilicen como una opción robusta de acuerdo. Fue el genio informático Nick Szabo quien acuñó el término "Smart Contract" a mediados de la década de 1990, mucho antes de que la tecnología blockchain se convirtiera en una realidad.

Para explicarlo fácil, imagina que haces una apuesta con una amiga, por ejemplo, os apostáis 100 €, tú dices que ganará el Real Madrid y tu amiga dice que Los Ángeles Galaxy. Cuando gana el Real Madrid, tu amiga dice que no te paga. Pues tenemos un problema, lo más seguro es que no veas el dinero. Hasta ahora, para resolver este problema, había un tercero de confianza, al que le dabais 100 euros cada una. Cuando terminaba el partido, la figura intermediaria, le entregaba el dinero al ganador como se había acordado previamente, y se llevaba una comisión por sus servicios. Ahora con los Smart Contracts, no hace falta intermediario, en el smart contract están las condiciones, y se ejecutan automáticamente cuando se cumplen.

La esencia de un Smart Contract es simple pero sorprendentemente práctica: es un programa informático que se ejecuta automáticamente cuando se cumplen ciertas condiciones predefinidas. Esto significa que no se necesita un intermediario de ninguna clase para validar o hacer cumplir el contrato. La confianza se basa en la transparencia y la inmutabilidad de la tecnología blockchain.

El funcionamiento es sencillo de entender. Imaginemos que estás alquilando una casa. En un contrato tradicional, necesitarías la intervención de un agente inmobiliario o un notario para asegurarte de que ambas partes cumplan con los términos acordados. Con un Smart Contract, todos los procesos se simplifican. Funcionaría de esta manera:

Creación del Contrato: Primero, se crea un Smart Contract en la blockchain. Aunque la más usada es la blockchain de Ethereum, puede usarse casi cualquiera. De hecho y debido a los costes por transacción, se usan otras con comisiones más bajas. Se especifican todos los términos del alquiler, como el precio mensual, la duración del contrato y las condiciones de depósito.

Ejecución Automática: Una vez que ambas partes están de acuerdo y firman digitalmente el contrato, este se bloquea en la blockchain. Cuando llega la fecha de pago mensual, el contrato se ejecuta automáticamente, transfiriendo el dinero del inquilino al arrendador. No se crean disputas sobre cobros o uso de fianzas, etc., ya que todo está escrito y aceptado por las dos partes antes de empezar la relación comercial.

Inmutabilidad: Los registros de la blockchain son inmutables, lo que significa que no se pueden modificar ni eliminar. Esto garantiza que el contrato y las transacciones asociadas sean transparentes y seguras.

5.2 Usos y lugares donde se aplican

Las aplicaciones de los Smart Contracts son tan variadas como distintos tipos de relaciones comerciales existen y existirán.

Los Smart Contracts tienen un potencial de aplicación en una amplia variedad de industrias.

Desde el sector financiero, donde se pueden utilizar para automatizar procesos de préstamos y seguros, hasta la cadena de suministro, donde pueden rastrear la procedencia y toda la cadena de estados de los productos de una manera transparente.

También la votación electrónica, los Smart Contracts pueden garantizar la integridad y la confiabilidad del proceso. Otro de los mejores ejemplos puede ser el uso en seguros. Imagina que en el Smart Contract está especificado que, si llueve una determinada cantidad de agua en un lugar especificado, se pague una indemnización preacordada. El Smart Contract, que se está ejecutando en la blockchain, e interconectado con los Oraculos (que tienen información veraz y actualizada en tiempo real del mundo físico) realiza el pago en cuanto se cumple la condición. Se elimina la necesidad de esperar a que un perito lo confirme, los procesos administrativos lo validen, el departamento de contabilidad lo añada a una remesa de pago, los bancos lo paguen, ... ¿vas viendo las ventajas?

5.3 Los desafíos y la promesa

Aunque los Smart Contracts ofrecen muchas ventajas, también enfrentan desafíos importantes. La falta de estándares globales y la necesidad de resolver problemas de seguridad son los más acuciantes. El hecho de que no pueden modificarse, ha generado más de una situación no deseada. Cuando hay un error o se detecta un mal funcionamiento, no puede hacerse nada para corregirlo.

Pero la promesa de estos Smart Contracts es innegable: la reducción de costes, la eficiencia en la ejecución de acuerdos y una mayor confianza en las transacciones digitales.
Los Smart Contracts configuran un futuro donde la confianza se basa en algoritmos, matemáticas y código informático, en lugar de intermediarios humanos. En este mundo digital, la promesa de un contrato que se ejecuta de manera automática y segura, está llevando a una revolución en la forma en que hacemos negocios y forjamos acuerdos.

Vamos a ver de manera gráfica los elementos básicos que participan cuando se aplica un smart contract para gestionar procesos en la vida física:

Este esquema muestra un proceso de compraventa, pero de igual manera se puede aplicar a muchos más casos como hemos visto anteriormente, cómo asegurar un bien, un préstamo entre 2 partes, la trazabilidad de un producto, ... cualquier proceso en el que antes se necesitaban terceros de confianza pueden beneficiarse de los smart contracts.

Capítulo 6: Navegando el ecosistema Web3

6.1 Descubriendo las DApps
6.2 Verticales y ejemplos inspiradores

6.1 Descubriendo las DApps

Las DApps son **D**escentralice **App**lications o aplicaciones descentralizadas. La Web3 se basa en la descentralización y el empoderamiento del usuario. En este modelo, los usuarios tienen el control total de sus datos personales. La Web3 usa tecnologías P2P, (peer-to-peer) para permitir la comunicación directa entre usuarios. Es una red descentralizada de clientes que intercambian datos y valor sin entidades centralizadas que validen los intercambios. Se utilizan contratos inteligentes (Smart Contracts) para automatizar las transacciones y eliminar a los intermediarios.

Son por tanto aplicaciones que funcionan de forma autónoma sobre Blockchain y funcionan gracias a las normas de los Smart Contracts y el incentivo de las criptomonedas.

Imagina metafóricamente la circulación de los coches en una ciudad. Las calles o carreteras es el blockchain, los coches con las DApps, las normas de circulación son los Smart Contracts, y la gasolina son los tokens o criptomonedas.

Un concepto con el que tendrás que familiarizarte si aún no lo conoces es "White Paper" o libro blanco. Un "white paper" es un documento que los desarrolladores de proyectos blockchain comparten con el mundo para explicar cómo funciona su idea, cómo resolverá problemas y por qué es importante. Es como el libro de instrucciones de una nueva propuesta tecnológica que ayuda a las personas a entender cómo usarlo y por qué deberían estar emocionadas al respecto e incluso por qué deberían invertir en él.

Pues bien, según el white paper "The General Theory of Decentralized Applications", una aplicación puede considerarse una "DApp" si cumple 4 requisitos:

1. La aplicación debe ser de código abierto y operar de forma autónoma, de modo que ninguna entidad controle la mayoría de los tokens.

2. Los datos de la aplicación deben almacenarse onchange, en una cadena de bloques (blockchain) pública.

3. La aplicación utiliza algún token criptográfico, necesario para obtener acceso a la DApp y para recompensar las contribuciones de sus usuarios.

4. La aplicación debe generar tokens, mediante algún algoritmo criptográfico, que certifiquen el valor de las contribuciones de los usuarios del sistema.

Para comenzar, lo primero que necesitas es una wallet, que ya conoces y seguramente tengas, después de leer el capítulo 3. Si aún no te has configurado una, deja lo que estés haciendo y configura una, aunque te dé un poco de vértigo, vas a necesitarla seguro. En las DApps de la Web3, tienes que conectar tu wallet o crear una que integre la DApp para poder entrar y usar los servicios. Vale tanto de identificación de usuario, como de monedero para el intercambio de tokens.

Una clasificación que suele hacerse para referirse a los tipos de DApps (incluso de alguna otra parte más de Web3) es la de capas o tipos. Vamos a ver en qué consiste.

-Tipo 1: o capa 1. Son todas aquellas que tienen su propia blockchain. Por ejemplo: Bitcoin, Ethereum, Monero, Litecoin, ...

-Tipo 2: o capa 2. Son todas las DApps que dependen de una blockchain externa para funcionar. Usan tokens propios o de la blockchain sobre la que corren. Por ejemplo: Optimism, Arbitrum, Loopring, Hermez,...

-Tipo 3: o capa 3. Pertenecen a este grupo las DApps que usan Dapps de tipo 2 para funcionar. Normalmente usan los tokens de las de tipo 2 para realizar sus operaciones. Casi todas las Dapps DeFi, son de capa 3. Por ejemplo: Maker, Uniswap, Safe Network, Yern.Finance, ...

6.2 Verticales y ejemplos inspiradores

Vamos a repasar verticales o sectores en los que la irrupción de las DApps está revolucionando y llegando a desafiar a los modelos establecidos.

- Intercambios de tokens
UniSwap es una DApp (aplicación descentralizada) DeFi (finanzas descentralizadas, lo veremos en el capítulo 8) de exchange descentralizado (DEX) construida sobre la blockchain de Ethereum. ¡Toma ya! fijate la cantidad de palabros que hay en la frase anterior y que ya entiendes!! ¡Bravo!! UniSwap permite a los usuarios intercambiar criptomonedas sin necesidad de intermediarios, proporcionando un mayor control y seguridad sobre sus transacciones. UniSwap proporciona a los usuarios acceso a una amplia gama de criptomonedas. También ofrece un alto grado de descentralización, sin ninguna autoridad central que controle el intercambio. Esta DApp opera a través de un sistema de contratos inteligentes, garantizando que las transacciones sean transparentes y seguras.
Loopring, plataforma de intercambio de pares a pares creada para ser rápida y con la confianza de funcionar sobre Ethereum.

-Seguros: Seguros para los propios proyectos blockchain (los activos digitales, criptomonedas, NFTs), y los que usan la tecnología blockchain para los seguros tradicionales.

En seguros para proyectos blockchain podemos destacar en la red Ethereum a Nexus Mutual, a Etherisc y Aventus. Unslashed Finance trabaja para asegurar y pagar indemnizaciones a usuarios afectados por fallos en los intercambios, hackeos en las billeteras, fallos en los contratos inteligentes, y este tipo de "siniestros". Por otro lado, Etherisc es el ejemplo de una aseguradora alemana que lanzó con tecnología blockchain, un seguro de cancelación y/o retraso de viaje. Usando contratos inteligentes, se automatizó el pago por retrasos superiores a 45 minutos.

- Almacenamiento en la nube: Los servicios de almacenamiento en la nube como Dropbox o Google Drive son centralizados y al usarlos estás confiando en que un único proveedor "responda". Casos como SIA, Filecoin o Storj, son solo algunos ejemplos de sistemas de almacenamiento de datos distribuidos completamente funcionales en la actualidad que usan Blockchain para sus operaciones.

- DNS distribuido: Blockchain resuelve la re-dirección de nombres, con servicios como **E**thereum **N**ame **S**ervices: ENS, que es una DApp DeFi que ofrece un sistema de nomenclatura legible por humanos para las direcciones Ethereum, permitiendo a los usuarios enviar y recibir criptomonedas utilizando nombres fáciles de recordar en lugar de direcciones largas y complicadas. ENS funciona como una **o**rganización **a**utónoma **d**escentralizada (DAO), en la que las decisiones las toman los miembros de la comunidad que poseen el token de gobierno ENS.
También tenemos a Unstoppable Domains o RIF Name Services, en cada caso hablamos de servicios DNS y de identidad soberana que funcionan de forma descentralizada.

- Registro y patentes: Proof Of Existence, este servicio permite a los creadores vincular documentos internos al hash de una transacción realizada en ese momento y probar así que ellos han sido los primeros en desarrollarla.

- Servicios de Blogging: Los servicios de blogging como Blogspot o Wordpress, son servicios centralizados muy conocidos en todo el mundo. De hecho, Wordpress sostiene más del 80% de los sitios de blogging a nivel global. Esto también se puede hacer desde Blockchain, usando servicios como Steemit o Hive, donde puedes subir tus artículos, tener audiencia, y al mismo tiempo tener ingresos por ello.

Capítulo 7: Las puertas de intercambio

7.1 Exchanges: Mucho más que comercio
7.2 Identificando a los principales exchanges

7.1 Exchanges: Mucho más que comercio

Los Exchange son sitios online, plataformas digitales que hacen el papel de un centro de intercambio de criptomonedas por dinero fiat (diferentes divisas) e incluso por otros activos digitales. Es algo muy parecido a las casas de cambio, donde el valor de las monedas digitales se establece por medio de la oferta y demanda.

Los exchanges son un puente entre las 2 economías. Cambian la moneda fiat (euros, dólares, libras, ...) por criptomonedas, y viceversa.

Los principales exchanges acaparan la mayoría de las transacciones y de la liquidez. Por un lado, son los que "filtran" o deciden qué proyectos son fiables, y qué criptomonedas van a entrar a su lista de tokens intercambiables. El hecho de que un exchange liste una criptomoneda o no, influye e incluso determina el éxito o no de una criptomoneda. Por otro lado, los exchanges ofertan todos los productos financieros que puedas imaginar. Tienen los productos como los bancos tradicionales (futuros, derivados, bonos, etc.) Para usar los servicios de un exchange, tienes que depositar el dinero en una cuenta que tienes que crear. Al final es como una wallet, en la que depositas la cantidad de criptomonedas con la que quieres trabajar. Como vimos en el capítulo de wallets, en tus wallets, tú eres el responsable de guardar las claves, y tienes la custodia de las monedas. Cuando depositas cantidades en la wallet del exchange, entras con tu contraseña de cuenta para ver los saldos, pero no tienes las claves del wallet. En realidad, estás delegando el control de lo que tengas en la wallet al exchange, aunque el saldo es tuyo, realmente el control lo tiene el exchange. Por eso vuelvo a recordarte que tengas siempre en cuenta los consejos de seguridad que te dimos en el capítulo 3.

Imagino, que ya habrás oído esta frase del mundo cripto en alguna ocasión: "Not your keys, not your coins" o "Si no son tus claves, no son tus monedas", lo que hace referencia a la auto-custodia como única manera de tener el control de tus activos digitales.

Una de las prácticas más extendidas en los exchanges, es el "staking". Esto funciona parecido a un depósito. Dejas bloqueadas las monedas y recibes recompensas por ello, cuanto más tiempo, más recompensas. En principio funciona de una manera parecida a los fondos de los bancos, pero con unos porcentajes de recompensa mucho más elevados.

Estos serían los tipos de exchanges de criptomonedas más populares:
-Exchange tradicionales: Son un tipo que funciona como intermediario entre los usuarios durante en todo el proceso de compra venta de criptomonedas. Cobrar comisión por ello.
Brókers de criptomonedas: Este tipo permite comprar o vender criptos a un precio determinado por el propio exchange. Suele ser el valor del mercado y un plus adicional.

-Plataformas directas de negociación: Este ofrece un intercambio directo entre compradores y vendedores. Pero, no usan el precio fijado por el mercado.

-Exchanges descentralizados: Como su nombre indica, estos funcionan con plena autonomía. El sistema está completamente automatizado y garantiza un alto nivel de privacidad.

7.2 Identificando a los principales exchanges

Podríamos considerar como los exchanges más seguros a las plataformas más importantes o con mayor volumen de clientes como las más seguras, dado que están más asentadas. Destacamos exchanges como Binance o Coinbase, que son empresas reconocidas mundialmente. Sin embargo, hay que tener en cuenta que no están prácticamente reguladas o supervisadas y esto implica también ciertos riesgos en materia de seguridad, un ejemplo de ello fue lo que sucedió con la quiebra de FTX, uno de los exchanges más importantes a nivel mundial.

Los principales exchanges por volumen de comercio, liquidez y facilidad de uso, son: Binance, Coinbase, Kraken, Bitvavo, Crypto.com y Kucoin.

Los principales exchanges españoles son, Bit2me y Bitnovo.

CoinMarketCap (coinmarketcap.com) clasifica y puntúa los principales exchanges de criptomonedas en función del tráfico, la liquidez, los volúmenes de comercio y la confianza en la legitimidad de los volúmenes de comercio reportados. Te aconsejo echar un vistazo para que cuando hagas tu propia investigación lo tengas en cuenta.

Estas son las nociones básicas sobre los exhanges, se podrían escribir muchos libros explicando su funcionamiento y los productos y servicios que ofrecen, pero, como diría mi viejo amigo Ende, esa es otra historia y debe ser contada en otra ocasión.

Principales exchanges spot de criptomonedas

CoinMarketCap clasifica y puntúa los principales exchanges de criptomonedas en función del tráfico, la liquidez, los volúmenes de comercio y la confianza en la legitimidad de los volúmenes de comercio reportados. Leer más

Spot   Derivados   DEX   Préstamo

# ▼	Cambiar	Puntuación:	Trading volume(24h)	Liquidez prom.	Visitas semanales	# Mercados	# Monedas	Compatible con fiat
1	Binance	9.9	$14,215,363,756	817	13,244,832	1490	394	EUR, GBP, BRL and +8 more
2	Coinbase Exchange	8.6	$2,467,163,793	694	82,221	394	241	USD, EUR, GBP
3	Kraken	8.3	$988,688,283	717	1,331,771	771	242	USD, EUR, GBP and +4 more
4	OKX	7.8	$2,772,842,511	647	6,470,890	663	319	AED, ARS, AUD and +43 more
5	Bybit	7.7	$2,595,879,103	632	4,562,389	725	491	USD, EUR, GBP and +3 more
6	KuCoin	7.6	$1,136,116,947	542	2,271,805	1295	723	USD, AED, ARS and +45 more
7	Bitstamp	7.3	$177,153,220	610	283,064	176	79	USD, EUR, GBP

Capítulo 8: Explorando las Finanzas Descentralizadas (DeFi)

8.1 ¿Qué es DeFi?
8.2 Descentralizando las finanzas: ¿Qué es posible?

8.1 ¿Qué es DeFi?

DeFi es un acrónimo de finanzas descentralizadas (Decentralized Finance). Es un sistema financiero que utiliza la tecnología blockchain para crear productos y servicios financieros sin intermediarios. En lugar de depender de terceros, DeFi utiliza contratos inteligentes y protocolos blockchain para ofrecer una amplia gama de servicios financieros, como préstamos, intercambios, staking,... directamente a los usuarios. Esto significa que los usuarios pueden acceder a servicios financieros sin depender de bancos, instituciones financieras o gobiernos. Al estar basados en tecnología blockchain operan de manera descentralizada, sin necesidad de los intermediarios tradicionales.

¿Cúal es su origen? Pues como casi todo en el mundo blockchain, el nacimiento de Bitcoin marcó el punto de inflexión, podemos considerar a Bitcoin como la primera plataforma DeFi. Pero como habéis visto en la cronología del principio, en 1995 Nick Szabo ya dibujó la idea de los Smart Contracts. Pero fué con Ethereum cuando todas las piezas dieron lugar a poder realizar proyectos que antes eran inimaginables, como sistemas de préstamos, contratación de seguros, mercados de liquidez, Exchanges descentralizados (DEX)...

Las DeFi ofrecen una serie de ventajas sobre los sistemas financieros fiat, entre ellas:

Transparencia: Los datos de las transacciones son públicos y auditables, lo que da transparencia y confianza.

Eficiencia: Los procesos son más óptimos y eficientes lo que abarata costes.

Accesibilidad: Los servicios financieros están disponibles para todos, independientemente de su localización geográfica o situación financiera.

Algunos de los productos y servicios financieros que se ofrecen en las DeFi incluyen:

Préstamos: Los usuarios pueden pedir préstamos a otros usuarios o a otras plataformas DeFi.

Ahorros: Los usuarios pueden ganar intereses al depositar sus criptomonedas en plataformas DeFi.

Intercambios: Los usuarios pueden intercambiar criptomonedas entre sí sin intermediarios.

Seguros: Los usuarios pueden comprar seguros contra pérdidas financieras.

Derivados: Los usuarios pueden especular sobre el precio de los activos financieros.

Las DeFi aún están en desarrollo, pero tienen el potencial de revolucionar el sistema financiero.

Las DeFi ofrecen casi los mismos productos y servicios que los mercados fiat, se usan herramientas muy parecidas, de hecho, algunas herramientas de los brokers tradicionales, ya incorporan las opciones para trabajar en los 2 sistemas financieros.

No debemos confundir DeFi con FinTech o Neobancos. Los servicios tecnológicos que llevan desarrollándose varios años, y que son la evolución de los servicios bancarios, son centralizados y son muy distintos a los DeFi. Se hablará de CeFi (**C**entralized **Fi**nance) o finanzas centralizadas, Fintech o Neobancos para diferenciar los servicios y productos financieros centralizados, de las DeFi o servicios y productos descentralizados.

Aunque las FinTech también ofrecen herramientas financieras informatizadas, digitalizadas y más ágiles que las tradicionales, continúan dentro de un modelo centralizado y muy dependiente de los bancos. Las FinTech tienen mucha burocracia y cadenas de decisiones centralizadas.

Ejemplos de FinTech que conocerás son Paypal, Fintonic o Revolut.

8.2 Descentralizando las finanzas: ¿Qué es posible?

En el mundo de las finanzas descentralizadas, nos encontramos frente a una auténtica revolución financiera. Esta innovadora tecnología ha sacudido los cimientos del sistema financiero tradicional.

Para comprender el alcance de DeFi, primero debemos entender bien la idea que venimos tratando en todo el libro de la descentralización. A diferencia de las instituciones financieras tradicionales, que actúan como intermediarios centralizados, DeFi opera en redes blockchain públicas, donde las decisiones se toman de manera colectiva y las transacciones se registran de forma inmutable en una cadena de bloques. No hacen falta terceros de confianza, la confianza es la propia tecnología que lo hace posible. Esto reduce el riesgo de fraudes y conflictos de interés. También aumenta la accesibilidad, permitiendo que cualquier persona con acceso a Internet participe en actividades financieras sin importar su ubicación geográfica o situación económica.

Una de las aplicaciones más emocionantes de DeFi es el sector de préstamos. Plataformas como Compound y Aave permiten a los usuarios pedir prestado o prestar activos digitales de manera directa y segura. ¿Cómo funciona? Los préstamos se ejecutan a través de Smart Contract, lo que significa que no necesitas un banco para obtener un préstamo. Simplemente depositas tus activos digitales como garantía, y la red automatizada se encarga de todo, facilita el préstamo en función de la oferta y la demanda.

Otro aspecto revolucionario de DeFi son los intercambios descentralizados (DEX). En lugar de utilizar casas de cambio centralizadas que pueden ser vulnerables a regulaciones gubernamentales, ataques, o cambios contractuales unilaterales, los DEX como Uniswap, PancakeSwap y SushiSwap hacen posible que los usuarios puedan intercambiar criptomonedas de forma directa entre sí. Esto aumenta la seguridad, y reduce las tarifas, además de eliminar la necesidad de intermediarios.

Los protocolos DeFi también ofrecen oportunidades para generar ingresos pasivos a través del staking. Al bloquear tus criptomonedas en contratos inteligentes, ayudas a mantener la red y, a cambio, recibes recompensas en forma de nuevas monedas o tarifas de transacción. Esto ha abierto nuevas formas de inversión y ha permitido a las personas ganar mientras mantienen sus activos digitales. DragonStake es un lugar donde participar, en su pool (un pool es una asociación de personas o entidades con un fin común), y obtener los beneficios del staking comunitario.

Cuando empieces a leer sobre el tema, vas a ver referencias a los "protocolos DeFi". Los Protocolos DeFi se definen como plataformas o aplicativos o sistemas, que utilizan la tecnología blockchain para crear aplicaciones financieras descentralizadas, con todas las ventajas que la tecnología blockchain brinda.

Por enumerar algunos ejemplos, y que te suenen los más conocidos que sepas que Ethereum, que es el protocolo DeFi con más volumen de operaciones en la actualidad. Los que ya hemos hecho referencia durante el capítulo como Uniswap, PancakeSwap y SushiSwap, Compound, Bisq y Aave. Añadir otros como MakerDAO, Anchor

Protocol, BenQi, Yearn Finance, Synthetix, Balancer, Curve Finance, Frax Finance y muchos más que irás conociendo.

Lo bueno de este sistema, es que habilita a cualquiera con un dispositivo y una conexión a internet, a todos estos servicios financieros, incluso a los que no tienen banco, que hasta ahora era una parte importante de la población mundial.

¿Qué necesitas para empezar a disfrutar de todos los beneficios DeFi? Pues como en todo aplicativo Web3, basado en tecnología blockchain, lo primero es tener tu wallet configurada. Tener en ella los activos digitales con los que participar en el sistema financiero descentralizado. Bien comprando, vendiendo o intercambiando con otros usuarios directamente, sin intermediarios, sin terceros.

Desde aquí, se puede programar para su uso de forma automática, mediante los smart contracts, para que compre una determinada criptomoneda cuando baje a un precio que has estipulado, o que venda la que tienes si llega al valor que has marcado como objetivo de rentabilidad.

Dentro de este mundo que parece de fantasía, DeFi también se enfrenta a desafíos importantes. Primero tiene que conocerse y ganar usuarios que lo usen. Para que este sistema financiero descentralizado funcione, necesita volumen, necesita usuarios haciendo intercambios los unos con los otros. También la seguridad es una preocupación constante, ya que los hacks y errores de código, pueden resultar en pérdidas significativas. Además, la falta de regulación puede ser una espada de doble filo, ya que brinda libertad, pero también puede llevar a actividades fraudulentas. DeFi está cambiando la forma en que pensamos sobre el dinero y las transacciones financieras. Sin embargo, como en cualquier revolución, existen desafíos que deben superarse.

Capítulo 9: La era de la tokenización

9.1 Tokenomics
9.2 El mundo de los NFTs
9.3 Explorando emisiones: Utility, Security, Equity

9.1 Tokenomics

Tokenomics, una combinación de "token"y "economía", y se refiere al estudio de cómo funcionan los tokens en un sistema blockchain. Es como el conjunto de reglas y principios que dictan la economía de un mundo digital de un proyecto de activos digitales. Las tokenomics determinan aspectos importantes como el suministro total de tokens, cómo se crean o "minan", cómo se utilizan y cómo afectan a su valor. Si el sistema será deflacionario o no, etc. En esencia, son las reglas que hacen que las criptomonedas y otros activos digitales cobren vida y funcionen en un sistema descentralizado.

Una blockchain viable debe tener una tokenomics bien diseñada. Significa que la tokenomics será:

Sustentable: La tokenomics debe garantizar que la blockchain tenga un suministro suficiente de tokens para satisfacer la demanda.

Equilibrada: La tokenomics debe garantizar que los tokens tengan un valor justo.

Atractiva: La tokenomics debe ser atractiva para los usuarios y los inversores.

Las partes que debe tener una tokenomics para hacer viable una blockchain incluyen:

Oferta: La oferta de tokens es el número total de tokens que existen y existirán. La oferta puede ser fija o variable.

Demanda: La demanda de tokens es la cantidad de tokens que los usuarios y los inversores están dispuestos a comprar.

Uso: Los tokens deben tener un uso claro y valioso.

Emisión: La emisión de tokens es el proceso de crear nuevos tokens (minería).

Distribución: La distribución de tokens es el proceso de repartir los tokens entre los usuarios.

Una tokenomics bien diseñada, es esencial para el éxito de una blockchain. Una tokenomics mal diseñada, puede conducir a la inestabilidad de la blockchain o incluso a su fracaso.

Aquí hay algunos ejemplos de cómo la tokenomics puede afectar el éxito de una blockchain:

-Una blockchain con una oferta fija de tokens tendrá un suministro limitado. Esto puede hacer que los tokens sean más valiosos, lo que puede atraer a más usuarios e inversores.

-Una blockchain con una demanda alta y una oferta limitada tendrá un precio alto para los tokens. Esto puede hacer que la blockchain sea más atractiva para los usuarios e inversores.

-Una blockchain con un uso claro y valioso tendrá tokens que son más valiosos. Esto puede atraer a más usuarios e inversores.

-Una blockchain con una emisión lenta y una distribución equitativa de tokens tendrá una economía más estable. Esto puede atraer a más usuarios e inversores.

La tokenomics es un campo complejo y en constante evolución. A medida que la tecnología blockchain continúa desarrollándose, es probable que veamos nuevas formas de diseñar tokenomics que hagan que las blockchains sean más viables y atractivas.

9.2 El mundo de los NFTs

NFT, que significa "Tokens No Fungibles", "Non-Fungible Token" en inglés. Son como certificados digitales de autenticidad para objetos virtuales. Imagina que tienes una obra de arte digital, una colección de trading cards virtuales o incluso un videojuego único. Un NFT es como una etiqueta especial que garantiza que eres el dueño legítimo de ese artículo digital, registrado en una cadena de bloques. A diferencia de las criptomonedas como el bitcoin, los NFTs son únicos e irreemplazables, lo que los convierte en una forma emocionante de coleccionar y comerciar con objetos digitales en línea. Se trata de un tipo especial de token criptográfico que representa algo único. Los tokens no fungibles no son, por tanto, intercambiables de forma idéntica. Esto contrasta con criptomonedas como el bitcoin, y muchos tokens de red o de utilidad que son fungibles por naturaleza. Los tokens fungibles son como los euros, puedes intercambiar unos por otros ya que tienen el mismo valor, son divisibles en partes de igual valor en cada uno de ellos. Las 4 principales características de los NFT es que son únicos, indivisibles, transferibles y con la capacidad de demostrar su escasez.

En cuanto a los usos, son tantos como imaginación puedan tener los proyectos que los usan en las blockchain. Los NFT se utilizan en varias aplicaciones específicas que requieren artículos digitales únicos, como los coleccionables digitales, fan token, los juegos en línea, arte, música, ... Algunos de los usos son:

Mercado de arte: Debido a la tecnología que los crea, tienen la capacidad de proporcionar prueba de autenticidad y propiedad. Se pueden distinguir, en caso de producirse, las copias falsas de los productos digitales. Lugares de intercambio, compra y venta de NFTs de arte son OpenSea, Superrare o Nifty Gateway.

En los videojuegos, los NFTs se pueden usar para representar activos del juego, que son únicos, como parcelas digitales o tierras dentro del juego, una armadura, una pistola, una mascota, ... Esto genera un comercio interno y externo a terceros que compran NFTs únicos, que son propietarios o incluso pueden alquilar... El primer juego reseñable fue CryptoKitties pero el que de verdad hizo explotar este concepto de P2E o "Play 2 Earn" fue Axie Infinity. Algunos de los que les siguieron son Illuvium, Star Atlas, CyberTitans, ... y los que darán que hablar en un futuro cercano Guild of Guardians , Niide, Cryowar y el esperado Outer Ring, un MMO que será un metaverso en toda regla, y que promete marcar un antes y un después...

Mundos virtuales son por ejemplo Decentraland, Sandbox y Somnium Space, funcionan con NFTs dentro del juego. Es un mundo de posibilidades que las grandes empresas están estudiando para comercializar sus marcas.

Música. Parece claro el uso NFT para ayudar a dar oportunidad a los músicos de autentificar, controlar y gestionar los derechos de sus obras. Además, con la tecnología NFT, se han creado plataformas como Async.music, en las que las distintas partes de una canción están integradas en distintos NFT, haciendo que los distintos dueños puedan cambiar cómo se escucha la versión final. Esto hace que el público pueda elegir la producción que más les guste.

Inmobiliario: El mercado de la vivienda está viendo cómo se tokenizan los activos inmobiliarios, creando tokens que son "participaciones" de la propiedad. Además, pueden repartir beneficios por alquiler, o al vender el inmueble.

Cine: En mayo de 2018, 20th Century Fox se asoció con Atom Tickets y lanzó carteles digitales de edición limitada de Deadpool 2 para promocionar la película. Estaban disponibles en OpenSea y GFT Exchange. En marzo de 2021, el documental de Adam Benzine Claude Lanzmann: Spectres of the Shoah, de 2015, se convirtió en la primera película cinematográfica y documental en ser subastada como un NFT. En España tenemos el caso de Bull Run, primera película/documental, que se ha financiado con tokenización, y ha hecho historia al financiarse íntegramente en menos de 24 horas a través de la venta de los tokens $BULL. El token $BULL es un Security token. Es la representación de la deuda emitida sobre la película y otorga ciertos derechos sobre las ganancias de la película.

Existen muchos más usos, y no sería descabellado escribir un libro de divulgación, algo así como: "Abuela, ven que te explico: NTFs" para explicar más a fondo el amplio ecosistema que se está generando alrededor de los NFT, y que como todo en el mundo blockchain, tendrá subidas y bajadas especulativas de "valor".

9.3 Explorando emisiones: Utility, Security, Equity

Los 3 principales tipos de tokens teniendo en cuenta su uso son:

Utility Token: Es un token de utilidad, es decir sirve para algo dentro del proyecto al cual pertenece. Piensa en los tokens de utilidad como puntos que obtienes en un supermercado, o los puntos de una aerolínea, funcionan dentro de la aplicación. Estos cupones o puntos pueden canjearse en el futuro por un acceso a los servicios que la empresa emisora presta o prestará en un futuro. Son normalmente utilizados como una forma de conseguir financiación a un proyecto. Esto lleva a una gran especulación, y a aumentar las expectativas de forma poco objetiva.

Securiy Token: Es como tal tener una acción de la empresa. No tiene "utilidad" dentro de la plataforma o proyecto. Marcos regulatorios fuertes, contabilidad, auditorías para poder emitir un ST (Security Token). Son un activo digital que se parece mucho a las acciones. El valor de un security token proviene de un activo tangible, que puede negociarse y que está completamente regulado. Estos tokens caen bajo la regulación de activos, y las empresas que los emiten deben presentar toda la documentación y garantías del mismo (A día de hoy tienen que estar listadas y tener el visto bueno de la CNMV). Esto los ha convertido en la actualidad en una forma segura de inversión y financiación para proyectos basados en tecnología blockchain.

Equity Token: Representa una participación de la empresa, con un marco legal más amigable que el de STO (Oferta de **S**ecurity **T**okens). Diseñado para nuevos proyectos que buscan rondas de capitalización pequeñas. Su principal diferencia del ST (**S**ecurity **T**oken) es su marco regulatorio más permisivo. Los lanzamientos de Equity Token se denominan ETO (**O**ferta de **E**quity **T**oken)

Parece que los Equity Token tienen unos límites más definidos y pueden entenderse y diferenciarse claramente. Con los Security y los Utility, a veces cuesta un poco más ver la diferencia. Vamos a ver las diferencias en una tabla para poder compararlos de una manera más gráfica, intuitiva y fácil de recordar:

Utility Tokens	Security Tokens
No tienen ningún tipo de regulación.	Están regulados por las leyes de valores de cada país.
Rápida implementación y emisión.	Implementación y emisión lenta. Emitir los mismos requiere la aprobación de las autoridades de control de valores del país, en España la CNMV.
Son como puntos para cambiar por un servicio dentro de la empresa que los emite.	Son un activo digital que representa parte del valor de la empresa en sí mismos.
Valor altamente especulativo.	Valor asociado con las acciones y de valor final de la empresa.

Tendencia a la práctica de estafas debido a la poca regulación de los mismos.	La regulación en la emisión de estos tokens evita prácticas maliciosas como las estafas, brindando mayor seguridad a los inversionistas.
No hay opción de participación o de voto dentro de la empresa o servicios prestados.	Dan al comprador y por tanto propietario, la participación directa y voto dentro de la empresa y el proyecto. Salvo que el contrato de compra especifique otro tipo de derechos.
Su ubicación y emisión no precisa de cumplir con las reglamentaciones AML (**A**nti-**M**oney **L**aundering o prevención de blanqueo de capitales) y KYC (**K**now **Y**our **C**ustomer o Conoce a tus clientes).	La ubicación y emisión precisa de cumplir con las regulaciones de AML (**A**nti-**M**oney **L**aundering o prevención de blanqueo de capitales) , KYC (**K**now **Y**our **C**ustomer o Conoce a tus clientes) y todas las aplicables al caso.

Como podéis intuir con estos conceptos básicos, la Tokenización será un proceso que se volverá un estándar en la financiación y la gestión de las empresas.

Y está claro que se podrían escribir varios libros sobre este tema (EL NUEVO DINERO: TOKENIZACIÓN BLOCKCHAIN, Explicado para mi abuela ¿? ;)).

Capítulo 10: Las criptomonedas en el horizonte

10.1 Un universo de criptomonedas
10.2 Bitcoin
10.3 Ethereum

10.1 Un universo de criptomonedas

Las criptomonedas, son monedas digitales cifradas, de ahí su nombre. Pero, ¿qué significa esto? En esencia, son unidades de valor que existen únicamente en formato digital y utilizan técnicas de criptografía para garantizar su seguridad y autenticidad.

A diferencia de las monedas tradicionales, el dólar $ o el euro €, por ejemplo, que son emitidas y respaldadas por gobiernos o bancos centrales (dinero fiat), las criptomonedas son descentralizadas. Esto significa que no están controladas por ninguna entidad central. En lugar de eso, su funcionamiento se basa en la tecnología blockchain, que es un registro público y distribuido que almacena todas las transacciones de la criptomoneda de manera segura y transparente como venimos viendo desde el capítulo 1.

bitcoin (BTC) La primera criptomoneda en la historia fue el bitcoin, creada en 2009 por una persona o grupo de personas bajo el seudónimo de Satoshi Nakamoto. El bitcoin sirvió como un ejemplo pionero de cómo una moneda digital puede funcionar sin necesidad de intermediarios, como bancos o gobiernos, y su adopción creció de manera exponencial a lo largo de los años. A bitcoin le dedicaremos un subcapítulo por su importancia para el mundo blockchain.

El mundo de las criptomonedas no ha parado de crecer. Desde el nacimiento del bitcoin, el universo de las criptomonedas ha crecido de manera exponencial, con miles de criptomonedas diferentes en circulación en la actualidad. Algunas de las más destacadas, además del bitcoin, incluyen Ethereum, Ripple (XRP), Litecoin y muchas más. Cada una de estas criptomonedas tiene sus propias características únicas y propósitos específicos.

Ether es la criptomoneda de Ethereum (ETH): A diferencia del bitcoin, Ethereum no se limita a ser una simple moneda digital. En su lugar, se diseñó para permitir la creación de contratos inteligentes y aplicaciones descentralizadas (DApps). Los contratos inteligentes son programas autoejecutables que automatizan acuerdos y transacciones, lo que abre un mundo de posibilidades para aplicaciones descentralizadas en diversas industrias. Por ser la segunda criptomoneda en importancia, y en versatilidad, le dedicaremos un subcapítulo completo.

Ripple (XRP): Ripple se enfoca en simplificar y agilizar las transacciones transfronterizas y los pagos internacionales. Su objetivo es reducir costos y tiempos en la transferencia de dinero a nivel global, ofreciendo una alternativa eficiente a los sistemas bancarios tradicionales.

Litecoin (LTC): Conocida como la plata del mundo de las criptomonedas en contraposición al bitcoin, considerado el oro, Litecoin es una moneda digital diseñada para ser más rápida en las transacciones, lo que la hace ideal para pagos diarios y micro pagos.

BNB (BNB): La criptomoneda de Binance, el exchange más grande del mundo. Es la criptomoneda sobre la que se desarrolla el ecosistema de BNB Chain.

Bit2Me (B2M): La criptomoneda del exchange español Bit2me.

Galactic Quadrant (GQ): La criptomoneda del juego Outer Ring.

Este crecimiento constante y la diversidad de criptomonedas refleja la creciente adopción y el interés en este nuevo paradigma financiero y tecnológico. Además de estas monedas mencionadas, existen miles más, cada una con su propia comunidad de seguidores y casos de uso particulares, lo que muestra el potencial ilimitado que estas tecnologías tienen para cambiar la forma en que interactuamos con el dinero y otros activos digitales.

Denominaciones de criptomonedas a tener en cuenta:

Altcoin: Una altcoin se refiere simplemente a una criptomoneda distinta, alternativa, a bitcoin. Son las criptomonedas después de bitcoin, que son todas las demás, las que no son bitcoin.

Stablecoins: Las stablecoins son tokens emitidos mediante contratos inteligentes que se registran en una blockchain y cuyo valor se encuentra vinculado a un activo externo, las monedas nacionales (dólar, euro, ...) o los minerales preciosos. También conocidas como «criptomonedas estables», por su traducción al español, se trata de activos que funcionan como representaciones digitales del dólar, el euro e incluso del oro. La más conocida es el USDT. Su valor busca la paridad con el dólar, 1 a 1, es decir 1 dólar = 1 USDT.

Memecoins: Un memecoin es una criptomoneda que se basa en el concepto de un meme y que nace como alternativa de inversión de dinero fácil. Por tanto, un memecoin no tiene un valor intrínseco y casi nunca es útil. Como ya deja entrever su nombre, estas monedas se basan en memes de Internet, bromas o imágenes compartidas a través de las redes sociales. Entre la broma, y el probar que las monedas pueden ser mera especulación, dos de ellas se han colado entre las más cotizadas de las criptomonedas. Estas dos memecoins son Dogecoin y Shiba Inu.

Shitcoin: Son esas criptomonedas inútiles que existen en el mercado. Criptomonedas que son creadas sin un propósito claro y específico, ofertadas con precios especulativos o que no tienen ninguna utilidad porque son una copia barata de otros proyectos. Aunque existe una con este nombre, es una generalización que se aplica a muchas monedas, no es una en concreto

CDBC: (**C**entral **B**ank **D**igital **C**urrency) o moneda digital emitida por un banco central. En otras palabras, es un tipo de dinero con el que los gobiernos están experimentando y que suele basarse en tecnología blockchain. Por supuesto centralizada, controlada por los gobiernos.

Las criptomonedas han trascendido su papel original como una forma de dinero digital. Ahora se utilizan en una variedad de aplicaciones revolucionarias, que cambiarán el mundo como lo conocemos hoy:

Inversión y Almacenamiento de Valor: Muchas personas compran criptomonedas como una inversión a largo plazo, similar a cómo se compra oro o acciones. La creencia en su potencial de apreciación de valor ha atraído a inversores de todo el mundo.

Pagos en Línea: Algunos comercios en línea y empresas de todo el mundo ahora aceptan criptomonedas como forma de pago, lo que agiliza las transacciones y reduce las tarifas de procesamiento.

Y los usos que ya hemos visto durante el libro.

Contratos Inteligentes: Ethereum y otras criptomonedas permiten la creación de contratos inteligentes, que son programas autoejecutables que automatizan acuerdos y transacciones, eliminando la necesidad de intermediarios.

Finanzas Descentralizadas (DeFi): DeFi es un ecosistema de servicios financieros que utiliza criptomonedas y contratos inteligentes para ofrecer préstamos, intercambios y más, sin la intervención de bancos tradicionales.

Tokenización de Activos: Las criptomonedas se utilizan para representar activos del mundo real, como bienes raíces o acciones, en forma de tokens digitales, lo que facilita la inversión y el comercio global.

Para que os hagáis una idea, este es un gráfico del reparto del total del mercado de criptomonedas:

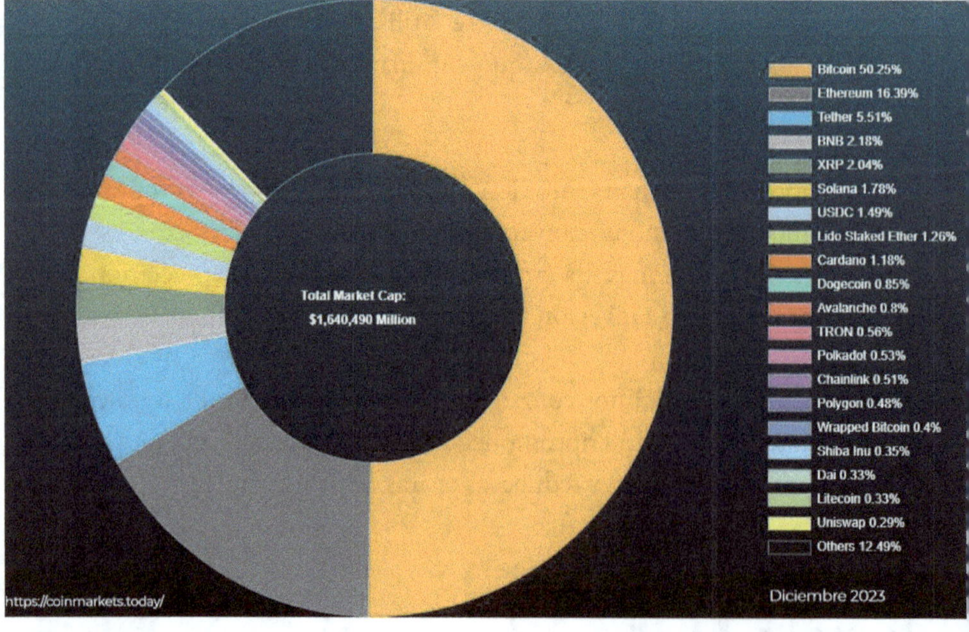

10.2 Bitcoin

El bitcoin, a menudo llamado "oro digital" o "criptomoneda madre", ha sido la pionera de la revolución criptográfica.

Todo comenzó en 2008, cuando una persona (o grupo de personas) bajo el seudónimo de Satoshi Nakamoto publicó un documento titulado "Bitcoin: A Peer-to-Peer Electronic Cash System".
Si quieres ver cómo empezó todo, puedes ver el documento, su white paper original de Bitcoin: https://bitcoin.org/bitcoin.pdf
o si lo prefieres en español:
https://bitcoin.org/files/bitcoin-paper/bitcoin_es.pdf

Este documento sentó las bases para una moneda digital descentralizada que podría operar sin la necesidad de intermediarios, como bancos o gobiernos. Poco después, en 2009, se minó el primer bloque de Bitcoin, conocido como el "bloque génesis", y nació oficialmente la criptomoneda.

El bitcoin es una forma de dinero digital que existe únicamente en formato electrónico. A diferencia de las monedas tradicionales, como el dólar o el euro, no está respaldado por ningún gobierno ni entidad central. En su lugar, se basa en una tecnología revolucionaria: blockchain(¿te suena?). De hecho, esta tecnología que permite la creación de bitcoin, se ha sacado de Bitcoin para poder hacer todas las cosas que hemos visto en el libro y muchas más.

Una de las cosas que distingue a bitcoin es que el suministro total de bitcoin está limitado a 21 millones de unidades, lo que significa que no se pueden crear más bitcoin una vez que se alcance este límite. Esto contrasta con las monedas tradicionales, que pueden imprimirse indefinidamente (sistema inflacionario). Por tener un número limitado de unidades, se crea un sistema deflacionario, que no hará perder valor a la moneda, mientras que en el dinero fiat, los estados fabrican más moneda y crean sistemas inflacionarios que hacen que cada vez, tenga menos valor.

El bitcoin ha recorrido un largo camino desde su creación. Inicialmente, se veía principalmente como una forma de dinero en línea, pero con el tiempo ha evolucionado para convertirse en una inversión atractiva y una reserva de valor similar al oro. No en un valor refugio, ya que puedes comprar 1.000 € en bitcoin y que al día siguiente tengas 980 € al cambio, pero es un valor reserva en cuanto a que, a pesar de la volatilidad de su precio, a largo plazo, tenderá a subir y mantener más valor que el dinero fiat.

En la actualidad, muchas personas compran bitcoin como una forma de inversión a largo plazo, creyendo que su valor aumentará con el tiempo. Además, es cada vez más aceptado como forma de pago en comercios en línea y, en algunos casos, en establecimientos físicos.

Sin embargo, el bitcoin también ha enfrentado críticas y desafíos, como su volatilidad y su uso en actividades ilegales debido a su pseudo-anonimato. A pesar de estos desafíos, su influencia en el mundo financiero y tecnológico es innegable, y su historia no ha hecho más que empezar.

10.3 Ethereum

Ethereum y su criptomoneda nativa, el Ether (ETH). Ethereum ha ampliado los horizontes de la tecnología blockchain y cómo el Ether desempeña un papel fundamental en este ecosistema.

El germen inicial de Ethereum surgió en la brillante mente del joven programador ruso-canadiense Vitalik Buterin (este si es una persona real de carne y hueso). Vitalik había tenido una mala experiencia en la que después de muchas horas de juego (en un juego online llamado World of Warcraft) a la autoridad centralizada que controlaba el juego, hizo un cambio de forma unilateral, y el perdió objetos dentro del juego que le había costado mucho tiempo conseguir. Estaba enfadado y buscando una manera de hacer justicia, y que nadie de forma centralizada y unilateral pudiera perjudicar injustamente a un usuario. Se encontró con Bitcoin. En 2013, cuando Bitcoin ya tenía cuatro años funcionando con éxito, decidió probar con la programación de Bitcoin para ver si podía construir aplicaciones descentralizadas. El fracaso lo llevó a escribir y publicar, ese mismo año, el primer documento técnico de Ethereum.

Si quieres ver el white paper de Ethereum y tienes curiosidad y tiempo, puedes encontrarlo en el siguiente link
https://ethereum.org/en/whitepaper/

Aunque Bitcoin ha sido la primera criptomoneda, Ethereum ha dado un paso más allá al ofrecer algo más que un simple medio de intercambio digital. Ethereum es una plataforma blockchain que permite la creación de aplicaciones descentralizadas (DApps) y contratos inteligentes. Estos dos conceptos han ampliado significativamente las posibilidades de lo que se puede lograr en el mundo de las criptomonedas y la tecnología blockchain.

En el corazón de Ethereum se encuentra el Ether (ETH), su criptomoneda nativa. A menudo se la compara con el petróleo que impulsa una máquina. El Ether no solo sirve como medio de intercambio, sino que también tiene un papel esencial en el funcionamiento de la plataforma Ethereum.

Cuando los desarrolladores crean y ejecutan aplicaciones descentralizadas en Ethereum, necesitan pagar una tarifa en Ether para utilizar la red. Esto se debe a que Ethereum es una red descentralizada y, como tal, requiere recursos para mantenerse segura y funcionando. Estas tarifas se conocen como "gas", y el Ether es la moneda que se utiliza para pagarlas.

Uno de los aspectos más emocionantes de Ethereum son las aplicaciones descentralizadas y los contratos inteligentes. Las DApps son programas que funcionan en la red Ethereum sin la necesidad de intermediarios. Pueden abarcar desde juegos y redes sociales hasta sistemas de votación y finanzas descentralizadas (DeFi). La red de Ethereum es la red de procesamiento distribuido más grande del mundo.

Y recuerda todo lo que ya hemos visto en capítulos anteriores:

Los contratos inteligentes o Smart Contract, por otro lado, son códigos autónomos que se ejecutan automáticamente cuando se cumplen ciertas condiciones. Por ejemplo, un contrato inteligente puede gestionar un acuerdo de préstamo de forma automática, liberando fondos cuando se cumplen los términos establecidos.

Uno de los casos de uso más destacados de Ethereum es el auge de las Finanzas Descentralizadas o DeFi. Estas son plataformas que utilizan contratos inteligentes para ofrecer servicios financieros, como préstamos, intercambios y staking, sin necesidad de intermediarios. Usuarios de todo el mundo pueden participar en estas actividades y ganar intereses o ingresos pasivos utilizando sus Ether.

Ethereum está en constante evolución, y se ha migrado a una nueva versión, que mejora la escalabilidad y eficiencia de la red (pasando de PoW, proof of work, recuerda, un montón de mineros consumiendo mucha electricidad, a PoS, proof of stake, o prueba de participación, mucho más sostenible para el medio ambiente). Esto dará argumentos más sólidos a Ether y las DApps en la plataforma Ethereum.

Ether y Ethereum representan una evolución significativa en el mundo de las criptomonedas y la tecnología blockchain. No solo son una forma de dinero digital, sino que también forman parte de un ecosistema que está transformando industrias enteras y la forma en que interactuamos con la tecnología.

Epílogo

Si has llegado hasta aquí, y he conseguido explicarlo bien, estarás en uno de esos momentos "encrucijada". Si no conocías este mundo y es la primera vez que te asomas a él, estarás con una sensación de vértigo, de abismo, de intuir algo tan grande que cambiará el mundo tal y como lo conocemos. Estarás en ese momento en el que solo sabes que no sabes nada, que has visto la punta de un iceberg y que tienes mucho donde explorar. ¡Ánimo! Ya has dado el primer paso. Espero que con este libro tengas un punto de partida desde el que lanzarte a bucear este cambio de paradigma, este cambio en la manera en la que conocemos el dinero.

Desde aquí tienes las bases para seguir el desarrollo del nuevo dinero, de las Blockchains y de cómo se irán desarrollando las formas de interaccionar con el valor.

Seguramente, en unos años, parte de lo que ahora "es" se verá como historia. Los conceptos que hemos visto se desarrollarán hacia variantes en las que influirán desde las fuerzas que nos gobiernan en la actualidad, hasta el uso que las personas hagamos de ello.

Que el dinero, su valor, y su forma de entenderlo y manejarlo va cambiando en ciclos temporales, es un hecho. Que blockchain promete ser la siguiente revolución, parece que también.

Si continúas ampliando el conocimiento sobre el tema, serás de los primeros en entender y adoptar el cambio. Espero que Blockchain y las finanzas descentralizadas sean una ventaja que nos sirva a todos para prosperar. Como hemos visto, la descentralización y el acceso democratizado a todos los productos y servicios financieros, serán un avance que nace con la intención de repartir y no concentrar la riqueza en pequeños núcleos. Esta revolución tiene las características y las herramientas para proteger nuestras identidades, y darnos acceso al mundo financiero. Dependerá del uso que le demos, que apoyemos y donde nos posicionemos para que se alcance el propósito por el que nació, y nos proporcione la llave para vivir mejor.

Nos vemos en siguientes fases.

Diccionario

A

Activo digital: Cualquier recurso que existe de forma digitalizada y que alguien puede poseer, y que tiene asociado un derecho para su uso. Al ser tratados como una propiedad, esta puede venderse, comprarse, alquilarse, o licenciarse. Pueden ser, por ejemplo, ficheros de gráficos, logos, ficheros de vídeo o sonido, páginas web, documentos electrónicos, tokens (criptomonedas, NFTs)

Airdrop: El airdrop, es un formato promocional de lanzamiento de un token o criptomoneda. Consiste en el reparto de activos gratuitos como acción de marketing. Si haces determinadas cosas tienen su recompensa, como por ejemplo: Crearse una cuenta en su web, realizar determinadas transacciones, usar su herramienta, seguir cuentas en redes sociales, pasar enlaces para crear referidos, instalarse una APP, o simplemente poseer la moneda en tu wallet o hacer staking.

Altcoin: (**Alt**ernative **Coin**) son todas las criptomonedas que no son bitcoin.

Altura del Bloque: (Block Height): Número de bloques minados después del bloque génesis.

AML: (Anti-Money Laundering) o prevención de blanqueo de capitales. Muchas inversiones y transacciones tienen que pasar estos filtros. Es para prevenir corrupción, o financiación de actividades ilegales como el tráfico de drogas o el terrorismo.

Árbol de Merkle: Merkel tree o Hash Tree. Un Árbol de Merkle es una estructura de datos compuesta por hashes de diferentes bloques de datos, y que sirve como resumen de todas las transacciones de un bloque.

ASIC: **A**pplication-**S**pecific **I**ntegrated **C**ircuit o circuito integrad para aplicaciones específicas. Es un circuito a la medida para un uso en particular. Se usan ASICs para minería de bitcoin.

Ataque del 51%: Sería el intento de conseguir el control de una criptomoneda, bien por tener el 51% de la potencia minera de su blockchain o bien por tener el 51% de las criptomonedas de esa blockchain.

ATH: Acrónimo de **A**ll **T**ime **H**igh. Máximo histórico de un precio.

Atomic Swap (Intercambio Atómico): Es un tipo de intercambio de criptomonedas a nivel básico, donde los usuarios pueden intercambiar monedas de diferentes blockchains directamente, sin ningún tipo de intermediario.

B

Balancer (BAL): Es una de las más importantes herramientas del ecosistema DeFi de Ethereum. Sirve para la creación automática de mercados, usando para ello pools de liquidez y ofreciendo capacidad de intercambio de monedas de forma descentralizada (DEX).

Ballena (Whale): Es el nombre que se dá a una persona o grupo de personas, coordinadas entre sí, que acaparan grandes cantidades de una moneda y son capaces de mover el mercado (la marea) para subir o bajar los precios (las olas)

BAT: Basic Attention Token, es el token nativo de una plataforma de blockchain que se centra en la publicidad digital. Es un componente clave en el navegador web Brave. El objetivo de Basic Attention Token es recompensar a las personas por ver anuncios, y mantener la privacidad.

Bear Market: o Bearish (Oso): Expectativa de disminución de precios en un mercado. Viene de los mercados tradicionales, donde el oso representa tendencia bajista y el toro tendencias alcistas.

bitcoin: El token o criptomoneda de la blockchain Bitcoin. Se escribe con la "b" minúscula.

Bitcoin: La blockchain de bitcoin. se escribe con la "B" mayúscula.

Bitcoin Cash: Se crea el 1 de agosto de 2017 a consecuencia de la división de la comunidad Bitcoin en torno al debate sobre la escalabilidad. A partir del bloque 478.558 se crea la nueva moneda que adopta el nombre de Bitcoin Cash. A partir de este hard fork (bifurcación dura) de la cadena de Bitcoin, en la nueva cadena se empezaron a crear bloques de 8 Mb de tamaño en vez de los 1Mb de Bitcoin.

Bitcoin Script: El lenguaje que Bitcoin usa para desarrollarse, desde enviar fondos a un monedero hasta permitir la creación de cuentas multifirmas.

BitTorrent: Es un protocolo diseñado para el intercambio de archivos entre iguales (peer-to-peer) en Internet. Es uno de los protocolos más comunes para la transferencia de archivos grandes. El programador Bram Cohen publicó su primera implementación el 2 de julio de 2001.

Blockchain (cadena de bloques): Base de datos transaccional distribuida, formada por cadenas de bloques diseñadas para evitar su modificación una vez que un dato ha sido publicado. Esto se logra mediante redes peer-to-peer (P2P), con consensos generados a través de un algoritmo de prueba de trabajo (o algún otro tipo de validación de bloque) y enlazando los bloques criptográficamente con un sellado de tiempo confiable.

Bloque: Son los eslabones de la cadena blockchain, cada bloque contiene la información de todas las transacciones y no puede ser alterado.

Bloque génesis: Es el primer bloque que compone una cadena de bloques o blockchain. En el caso de Bitcoin, la primera blockchain, data del 3 de enero de 2009.

Bot Trading: Robot de software que gestiona la ejecución de órdenes de compra y venta de trading siguiendo una estrategia configurada.

Bull market: o Bullish (Toro). Expectativa de incremento de precios en un mercado. Viene de los mercados tradicionales, donde el oso representa tendencia bajista y el toro tendencias alcistas.

C

Cardano: Es el blockchain de la moneda ADA. Blockchain de tercera generación.

CBDC: Una Moneda Digital del Banco Central, es dinero fiat emitido por un banco central en formato digital. Es la forma en la que los gobiernos intentan usar la tecnología Blockchain y las criptomonedas de una forma centralizada, sin perder el control sobre "el dinero"

CEX: Exchange Centralizado.

Chainlink (LINK su moneda) es un proyecto de oráculos descentralizados sobre la blockchain de Ethereum, y que se ha convertido en el principal pilar de interconexión entre el mundo real, las DApps y el ecosistema DeFi.

Clave pública y privada: Metafóricamente hablando, podemos ver la clave pública como si fuera el número de una cuenta bancaria y en la clave privada como si fuera el PIN secreto. La clave pública es usada para recibir criptomonedas, y la clave privada es usada para firmar las transacciones para gastar esas criptomonedas. Una clave privada y una clave pública están matemáticamente relacionadas, de hecho, la clave pública viene de la clave privada.

Cloud Mining: Alquiler de poder de minería para una criptomoneda, a empresas que ofrecen este servicio desde Internet.

Código abierto (Open source): Modelo de desarrollo de software basado en un sistema de colaboración abierta. Permite modificar el código fuente del programa sin restricciones de licencia. La comunidad de programadores puede leer, modificar y redistribuir el código fuente de un programa de forma que éste evoluciona, se desarrolla y mejora.

Coinbase: Se llama así al principal incentivo económico o recompensa que tienen los mineros para poner su capacidad de cómputo al servicio de la red. En el caso de Bitcoin, es la única forma en la que se pueden generar nuevos bitcoins. No confundir con el exchange 'Coinbase' que ha adoptado este nombre.

CoinSwap: Es un protocolo descentralizado que permite a los usuarios de criptomonedas el intercambio privado y seguro de sus monedas de forma directa. No participa ningún intermediario de ningún tipo.

Cold Wallet: o wallet frío. Billetera o cartera que no está conectada a la blockchain, pero las monedas que contiene sí que están dentro de la blockchain. Puede ser un dispositivo USB que almacena las monedas o una hoja de papel con un código QR.

Comisión de red: Es la comisión que cada usuario de la blockchain paga al realizar una transacción, y forma parte de los incentivos que reciben los mineros por su trabajo de mantener activa y operativa la red. Cada criptomoneda establece el valor mínimo de las comisiones. En Ethereum se llama "gas".

Consenso: el consenso se basa en que todos los miembros de la blockchain tienen que estar de acuerdo para validar un nuevo bloque y el contenido de los mismos.

Contrato inteligente (Smart contract): Programa informático que corre sobre una blockchain de forma descentralizada. Son aplicaciones que se ejecutan exactamente como se programaron sin posibilidad de tiempo de inactividad, cambios, censura, fraude o interferencia de terceros. Funciona como una sentencia if-then (si-entonces) de cualquier otro programa de ordenador con la diferencia de que se realiza para interactuar con activos reales. Cuando se dispara una condición preprogramada, no sujeta a ningún tipo de valoración humana, el contrato inteligente ejecuta la cláusula contractual correspondiente. Pueden interactuar con otros contratos, tomar decisiones, almacenar datos y enviar criptomonedas o tokens. Existirán y serán ejecutables mientras exista toda la red, solo desaparecerán si fueron programados para autodestruirse.

Criptografía: Técnica para ocultar información para que no puedan tener acceso a ella terceros no autorizados.

Criptomonedas: son un medio digital de intercambio. Cumple la función de una moneda, permite la transferencia y reserva de valor.

Cypherpunk: Se crea de la mezcla de "**cipher**" y "**cyberpunk**". Es el término empleado para nombrar a los activistas que promueven el uso de criptografía y tecnologías que garanticen la privacidad del individuo en el intercambio de información y valor a través de medios digitales.

Crypto Land: Congreso crypto donde se tratan temas de Blockchain, emprendimiento y autoayuda.

Crypto Week: congreso creado por Bit2me donde una gran cantidad de ponentes y expositores tratan el tema Blockchain y crypto.

D

DAI: La criptomoneda DAI es un token ERC-20 que funciona como una stablecoin(moneda estable), con su valor anclado al dólar. Dicha moneda es emitida de forma descentralizada gracias a la colateralización de garantías que sirven para garantizar su emisión.

DAO: **O**rganización **A**utónoma **D**escentralizada. Suelen tener un token de gobernanza, los propietarios de estos tokens, son los que votan y toman las decisiones en todo lo referente a la organización.

DAC: Corporación **A**utónoma **D**escentralizada.

DApps: **D**ecentralized **App**lications - Aplicaciones descentralizadas. Son un tipo de aplicaciones que no dependen de un servidor central, sino que se basa en una red descentralizada.

DCEP (Yuan Digital): Es el mayor proyecto de moneda digital de banco central (CBDC) del mundo, y que forma parte de los planes de China para expandir su influencia económica, comercial y política en todo el mundo. En 2023 China comenzó a pagar sus fuentes de energía a nivel internacional con esta moneda digital.

DeFi: **Fi**nanzas **De**scentralizadas. DeFi es un sistema financiero que utiliza la tecnología blockchain para eliminar la necesidad de intermediarios financieros

DEX: **Ex**change **D**escentralizado.

Dirección: Cadena de caracteres que se producen normalmente a partir de las claves pública y privadas y que podríamos definir como la huella digital de dichas claves. La dirección (por ejemplo: 0x75CcD5A34Aa7c0A5e612EA227ab1E0400Bf29c77) es una versión más reducida de clave pública. La clave privada es la que da acceso a la criptomoneda registrada en la pública y debe, por tanto, mantenerse en secreto. La dirección pública (o dirección de mi wallet) es la "cuenta" que podemos compartir con el resto de la red para que nos envíen criptomonedas.

DLT: **D**istributed **L**edger **T**echnology - tecnología de libro mayor distribuido, es una estructura de sistemas que permite funcionar como una base de datos no centralizada. Todas las redes blockchain son tecnologías DLT, pero no todas las DLT son tecnología blockchain.

Doble gasto: Operación fraudulenta propia del dinero digital que consiste en usar dos veces las mismas monedas para pagar algo. Este caso de uso fraudulento, es uno de los principales problemas que resuelve   Bitcoin.

E

ENS: Ethereum **N**ame **S**ervices: que es una DApp que ofrece un sistema de nomenclatura legible por humanos para las direcciones Ethereum, permitiendo a los usuarios enviar y recibir criptomonedas utilizando nombres fáciles de recordar en lugar de direcciones largas y complicadas.

ERC-20: Un token ERC-20 es un estándar para tokens fungibles en Ethereum. No es más que un smart contract que cuenta con una estructura de datos ya preestablecida. Esta estructura está pensada para facilitar la implementación de diversas funcionalidades sobre la blockchain de Ethereum facilitando así, el trabajo de creación a los desarrolladores.

ERC-721: Un token ERC-721 es un estándar para tokens NO fungibles en Ethereum. No es más que un smart contract que cuenta con una estructura de datos ya preestablecida. Sirven para crear propiedades digitales únicas, NFTs.

Ether: Unidad de cuenta o token de Ethereum. Es un elemento necesario, un combustible, para operar Ethereum.

Ethereum: Plataforma open source, descentralizada y basada en el modelo blockchain que permite la creación de contratos inteligentes. Utiliza un sistema de consenso de tipo PoS. Utiliza su token llamado ether que permite la ejecución de los contratos inteligentes sobre su red usando una Máquina Virtual (Ethereum Virtual Machine o EVM) que funciona de forma distribuida gracias al aporte de los mineros que son recompensados con ethers.

Exchange: Casa de cambio digital que permite cambiar dinero fiduciario por criptomonedas y/o criptomonedas entre sí.

F

Fiat*:* Dinero fiduciario de uso corriente. El papel moneda que emiten los diferentes estados o conjunto de éstos, como puede ser el Euro, Dólar, Libra, ...

Filecoin: Es una red de blockchain con una enorme red de nodos de almacenamiento de datos descentralizados, Funciona en base a smart contracts y un token nativo conocido como FIL.

FOMO: Acrónimo de "**Fear Of Missing Out**", o Miedo A Quedarse Fuera. Miedo a perderse una buena oportunidad.

Fork (Bifurcación): Momento en la que una cadena de bloques se divide en dos cadenas separadas temporal o permanentemente. Un hard fork ocurre cuando una cadena de bloques se divide en dos cadenas separadas incompatibles, esto es una consecuencia del uso de dos conjuntos de reglas incompatibles que intentan gobernar el sistema. Un soft fork es un cambio de reglas que crea bloques reconocidos como válidos por el software anterior, es decir, es compatible con versiones anteriores.

G

Gas: El Gas es una unidad de medida utilizada para medir el trabajo realizado por Ethereum para realizar transacciones o cualquier interacción dentro de la red. Es la comisión que hay que pagar por su uso.

Gráfico de velas: Representación gráfica de valores historicos, marcando máximos y mínimos por periodos.

GPU: Acrónimo para "**G**raphic **P**rocessing **U**nits" (Unidad de Procesamiento Gráfico). La mayoría de tokens que requieren de PoW (prueba de trabajo) como mecanismo de consenso, utilizan minería basada en GPUs. Estos están diseñados para poder resolver diferentes tipos de algoritmos.

H

Halving: Evento que sirve para reducir a la mitad la recompensa de los mineros de Proof-of-Work que operan en la red blockchain. Tiene lugar cada 4 años.

Hard Cap: Límite de dinero que un proyecto va a recibir de sus inversores a través de una ICO. Una vez se ha alcanzado ese límite, no se distribuirán más tokens.

Hash: Es un algoritmo matemático que transforma cualquier bloque arbitrario de datos en una nueva serie de caracteres con una longitud fija. Es como una firma, y gracias a él, podemos saber si la cadena original con la que se calcula ha sido alterada.

HODL (Mantener). Modificación de la palabra HOLD en inglés que significa, en este contexto, mantener tu posición actual en la cartera sin intención de vender. Holdear es mantener sin vender.

Hot Wallet: Cartera que está siempre conectada a la blockchain. Las monedas almacenadas están disponibles para cualquier tipo de intercambio.

Hyperledger: es un proyecto de tecnología blockchain y DLT impulsado por la Linux Foundation, junto a un enorme y variado grupo de grandes empresas tecnológicas.

I

ICO: El término ICO es el acrónimo de una "Initial Coin Offering", que traducido al español significa "Oferta Inicial de Monedas". Una oferta inicial de monedas, también conocida como ICO, es un mecanismo de recaudación de fondos en el que los nuevos proyectos relacionados con tecnología Blockchain venden sus tokens normalmente a cambio de Bitcoin y Ethereum.

IPFS: o Inter Planetary File System, es un sistema de archivo descentralizado que busca garantizar la seguridad, privacidad y resistencia a la censura de tus datos.

K

KYC (Know Your Customer) o Conoce a tus clientes. Casi todos los Exchanges, o plataformas en las que se crean cuentas que mueven activos digitales, requieren que sus clientes pasen el KYC, para validar la identidad de la forma más eficiente posible, para así evitar en lo posible el fraude o la suplantación de identidad.

L

Lightning Network: Sistema de micropagos descentralizado que genera un canal para las transacciones, que tiene como finalidad agilizar las transacciones y reducir las comisiones.

M

Mainnet: Es la red principal de Bitcoin. Las pruebas de los desarrollos se hacen en la Testnet.

Market Cap (Capitalización de mercado): Oferta total del número de criptomonedas o tokens multiplicado por la cotización de la criptomoneda en aquel momento.

Mempool: **A**breviatura de **Mem**ory **Pool**. Son el conjunto de transacciones no confirmadas en una blockchain. Cada vez que se realiza una transacción entra directamente al mempool. Los mineros seleccionan de aquí los grupos de transacciones con las que construyen los bloques.

Metamask: MetaMask es un monedero para manejar fondos e interactuar de forma más sencilla con las distintas DApps que se ejecutan en la red Ethereum. Se instala como una extensión en navegadores web o App en el móvil.

Mintear: Significa acuñar, es literalmente crear una moneda, crear un token.

Minería: La minería es una actividad esencial en la red de Bitcoin y es el proceso por el cual se ponen en circulación nuevos bitcoins. Es la encargada de crear los nuevos bloques con las transacciones realizadas cada 10 minutos.

Moneda fíat: Dinero de curso legal. Únicamente los bancos centrales tienen el poder de emitir dinero fiat, pero los bancos comerciales lo pueden crear a través de préstamos.

Monedero: o Wallet, es el software que permite almacenar y transaccionar las criptomonedas sin permiso ni mediación de terceros. Hay varios tipos (físicos, web, de escritorio o móviles) Las wallets físicas también se llaman "cold wallets" o wallets frías (por estar fuera de la red e inaccesibles, no se pueden hacer transacciones con ellas si no se conectan). Las wallets que están conectadas se llaman "hot wallets" o wallets calientes (por estar conectadas, desde estas si pueden hacer transacciones)

Mooning: Precios que se van por las nubes, en inglés se describe como "ir a la luna".

Multifirma (multisignature o MuSig): Es una forma de tecnología usada para añadir seguridad en las transacciones de una cartera. Para que dicha cartera pueda transaccionar es necesario que varios usuarios aprueben la realización de dichas transacciones.

N

Nodo: En una red de comunicaciones, un nodo de red es un punto de conexión que puede recibir, crear, almacenar o enviar datos a lo largo de rutas de red distribuidas. Cada nodo de la red, ya sea un punto final para la transmisión de datos o un punto de redistribución, tiene una capacidad programada o diseñada para reconocer, procesar y reenviar transmisiones a otros nodos de la red.

Nonce (**N**umber used only **once**): Número que cambia secuencialmente para variar el mensaje original y provocar que el hash obtenido sea distinto en cada intento. Si se modifica el mensaje con un nonce el hash resultante cambia.

NFT: Non Fungible Token o Tokens no fungibles. Son como certificados digitales de autenticidad para objetos virtuales. Son denominados técnicamente en la red de Ethereum como ERC-721.

Nick Szabo: es el padre de los smart contracts y de proyectos de monedas digitales como Bit Gold.

Nodo: Dentro de la red blockchain, los nodos son ordenadores que se conectan a la red y disponen de una copia actualizada de la blockchain. Son los que mantienen la red descentralizada.

O

Oráculo: Un oráculo es un puente entre la blockchain y el mundo real. Tienen información contrastada y actualizada, que puedes consultar a fin de aportar información a los contratos inteligentes. Esta información puede ser muy variada: desde informes climáticos hasta precios de productos, o de otras monedas.

P

P2P – Peer to Peer: Una red **peer-to-p**eer, o red de pares, abreviada como P2P, es como una comunidad de computadoras que trabajan juntas de manera igualitaria. En esta comunidad, todas las computadoras son importantes y pueden actuar como clientes y servidores al mismo tiempo. Esto significa que pueden compartir información directamente entre ellas, sin importar cómo esté organizada o presentada esa información.

Phygital: (acrónimo de **Phy**sical + di**gital**) es un concepto que nace en el siglo XXI y de forma específica hace referencia a la presencia de una misma persona, o bien, tanto en el mundo físico como en el digital.

Pizza Day: Se conmemora el 22 de mayo de 2010, el día que Lazslo Hayneck cambio 10.000 bitcoin por dos pizzas en la cadena estadounidense Papa John's. Es considerada la primera transacción de bitcoins por un bien físico.

PoC: **P**roof of **C**overage. Se usa principalmente en Helium y sirve para verificar que los Hotspots representen con precisión su ubicación, configuración y la cobertura inalámbrica que crean en la red.

PoH: Proof **of H**istory o prueba de historia, toma el tiempo para crear un sistema de hashing seguro.

Pool: Asociación de personas o entidades con un fin común. Existen pools como Nicehash o DragonStake para poder añadir o tu poder de minería en Hashrate (para minar por PoW) o una cantidad de tokens (para minar por PoS).

PoRep - Proof **of Rep**lication: prueba de replicación. Prueba de que determinados datos tienen una réplica exacta dentro de una red.

PoS - Proof **of S**take: o Prueba de Participación es un protocolo de consenso. Al igual que en PoW, es crear consenso entre todas las partes que integran la red. Esta vez, en lugar de por resolver una prueba de trabajo, por la participación en la red.

PoSt - Proof **of S**pacetime: prueba de almacenamiento de una información en un determinado periodo de tiempo.

PoStge - Proof **of St**orage: o prueba de almacenamiento. Prueba de que un espacio de almacenamiento está realmente disponible.

PoW: Proof **of W**ork – Prueba de trabajo. Algoritmo de consenso mediante el cual, con el problema criptográfico propuesto, se llega a la resolución del mismo. Conlleva grandes cantidades de energía, ya que los procesadores de cómputo necesarios consumen mucha

R

Replay Protection (Protección de reproducción): Protocolo que invalida que las transacciones de una cadena sobre otra cadena distinta puedan replicarse en caso de un hard fork.

S

Satoshi: Un satoshi es la unidad mínima en la que se puede dividir un bitcoin y equivale a 0.00000001 Bitcoin (BTC) Se llama así por el nombre del creador de Bitcoin, Satoshi Nakamoto.

Satoshi Nakamoto: Pseudónimo de la persona (o grupo de personas) que desarrolló y difundió la idea original de Bitcoin y la primera red blockchain del mundo.

Scam (Estafa): Todos aquellos proyectos o personas relacionados con Blockchain con un fin fraudulento.

Seed Phrase: La frase semilla o seed phrase, es un conjunto de entre 12 a 24 palabras, que sirve para ofrecernos una forma fácil y sencilla de respaldar nuestra wallet de criptomonedas.

SHA 256: significa "algoritmo de hash seguro de 256 bits" y se utiliza para la seguridad criptográfica. Por ejemplo, c672b8d1ef56ed28ab87c3622c5114069bdd3ad7b8f9737498d0c0 1ecef0967a. Con él se genera la prueba de trabajo de Bitcoin.

Sidechain (cadena lateral): Es una blockchain alterna que es usada para mejorar las prestaciones de una cadena de bloques o blockchain ya existente. Realiza las operaciones externamente y se conecta para registrar los resultados en la blockchain principal, con lo que se gana velocidad y se descongestiona, además de ser más económico, al pagar la comisión de la cadena principal repartida entre todas las transacciones de la cadena secundaria.

Shitcoin: Criptomonedas que fueron creadas sin un propósito definido, ofertadas con precios especulativos o que simplemente no tienen ninguna utilidad porque son una copia barata de otros proyectos.

Soft Cap: Cantidad mínima de dinero recaudado por los que un proyecto alcanza su objetivo en una ICO. El soft cap suele ser la cantidad mínima de dinero necesario para realizar todos los desarrollos del proyecto.

Solidity: Lenguaje de programación para desarrollar contratos inteligentes. Es el más usado en la blockchain de Ethereum. Si quieres empezar a desarrollar Smart Contracts entra en: https://remix.ethereum.org/

SRP: **F**rase de **R**ecuperación **S**ecreta. Frase semilla (seed phrase). Son las 12 o 24 palabras para acceder y gestionar tu wallet.

T

Testnet: Blockchain utilizada para que los desarrolladores de la comunidad puedan testar cualquier tipo de código sin perjudicar el estado de la blockchain principal o de producción o también llamada Mainnet.

Token: Unidad de valor. Activo digital alojado en una blockchain que permite a su propietario atribuírsele a un tercero a través de la cadena de bloques. Permite en su configuración varias capas de valor, lo que lo convierte en una especie de baúl digital en el que, según su programación, pueden incluirse uno o varios derechos sobre este activo digital.

Tokenomics: Uno de los revolucionarios conceptos introducidos por los tokens es el de tokenomics o economía de los tokens. Este concepto tiene como fundamento que el token derivado del mismo puede crear un ecosistema económico sostenible.

TradFi: **F**inanzas **Trad**icionales.

Turing completo: se entiende a aquel lenguaje que tiene un poder computacional equivalente a lo que se denomina Máquina de Turing Universal. Dicho de otro modo, Alan Turing ideó un sistema que en teoría podría realizar cualquier tipo de cálculo si se disponía de recursos físicos ilimitados. Aplicado a la tecnología blockchain, se refiere a la capacidad que tiene un lenguaje con esta característica de poder aplicarse para resolver cualquier problema computacional e implementar estructuras complejas como son los bucles. Bitcoin fue creado como "No Turing Completo" para evitar complejidades que pudieran generar ataques de denegación de servicio. Es por esto que no soporta bucles.

V

Velocidad Hash: La tasa de hash o "hash rate" es la unidad de medida de la potencia de procesamiento de la red Bitcoin. La red

Bitcoin debe hacer intensivas operaciones matemáticas por razones de seguridad. Cuando la red alcanza un hash rate de 10 TH/s significa que puede hacer 10 billones de cálculos por segundo.

W

Wallet: o Monedero, es el software que permite almacenar y transaccionar las criptomonedas sin permiso ni mediación de terceros. Hay varios tipos (físicos, web, de escritorio o móviles) Las wallets físicas también se llaman "cold wallets" o wallets frías (por estar fuera de la red e inaccesibles, no se pueden hacer transacciones con ellas si no se conectan). Las wallets que están conectadas se llaman "hot wallets" o wallets calientes (por estar conectadas, desde estas si pueden hacer transacciones)

Whale (Ballena): Individuo o grupo que posee altas cantidades de criptomonedas.

Whisper: Protocolo de comunicación de las DApps desplegadas sobre la blockchain de Ethereum.

Whitepaper: o "libro blanco" es un documento que ayuda a resumir las principales características y especificaciones técnicas de un proyecto de blockchain determinado.

World Token Congress: Congreso de Blockchain enfocado en la tokenización de procesos en las empresas.

Y

Yield Farming: O "Agricultura de rendimiento", consiste en el acto de aprovecharse de protocolos DeFi como estrategia para conseguir altas tasas de retorno, bien dando o solicitando un préstamo colateralizado, y además, recibiendo recompensas o "retorno de efectivo" ("cash back" en inglés)

Z

zk-SNARK : Zero Knowledge - Succinct Non-Interactive Argument of Knowledge o Argumento de Conocimiento No Interactivo Sucinto de Conocimiento Cero. Es un tipo de prueba criptográfica que permite a una parte probar a otra que conocen cierta información, sin revelar esa información.

Plantilla para guardar tus claves

Lugar de referencia tu explicación para acordarte: _______________________
____

------------------------ Cortar por aquí y guardar las palabras en lugar seguro ------------------

DESCRIPCIÓN: ____
WALLET: ____

01__________	09__________	17__________
02__________	10__________	18__________
03__________	11__________	19__________
04__________	12__________	20__________
05__________	13__________	21__________
06__________	14__________	22__________
07__________	15__________	23__________
08__________	16__________	24__________

Plantilla para guardar tus claves

Lugar de referencia tu explicación para acordarte: _______________________________

____

----------------------- Cortar por aquí y guardar las palabras en lugar seguro -------------------

DESCRIPCIÓN: ____
WALLET: ____

01_________________	09_________________	17_________________
02_________________	10_________________	18_________________
03_________________	11_________________	19_________________
04_________________	12_________________	20_________________
05_________________	13_________________	21_________________
06_________________	14_________________	22_________________
07_________________	15_________________	23_________________
08_________________	16_________________	24_________________

Plantilla para guardar tus claves

Lugar de referencia tu explicación para acordarte: _______________________

____

------------------------ Cortar por aquí y guardar las palabras en lugar seguro ------------------

DESCRIPCIÓN: ____

WALLET: ____

01_______________________   09_______________________   17_______________________
02_______________________   10_______________________   18_______________________
03_______________________   11_______________________   19_______________________
04_______________________   12_______________________   20_______________________
05_______________________   13_______________________   21_______________________
06_______________________   14_______________________   22_______________________
07_______________________   15_______________________   23_______________________
08_______________________   16_______________________   24_______________________

¡Gracias por leer

EL NUEVO DINERO: BITCOIN, BLOCKCHAIN Y LO QUE SE VIENE Explicado para mi abuela!

Si disfrutaste de la lectura, **te agradecería mucho si pudieras dejar una reseña en Amazon.** Tu opinión es valiosa y puede ayudar a otros lectores a descubrir mi libro. Puedes hacerlo en la página del libro de Amazon o escanear este QR

 (5 estrellas)

¡Gracias por tu apoyo!

Gracias

www.ingramcontent.com/pod-product-compliance
Lightning Source LLC
Chambersburg PA
CBHW050731260726
48661CB00001B/167